Flauschige FREUNDE

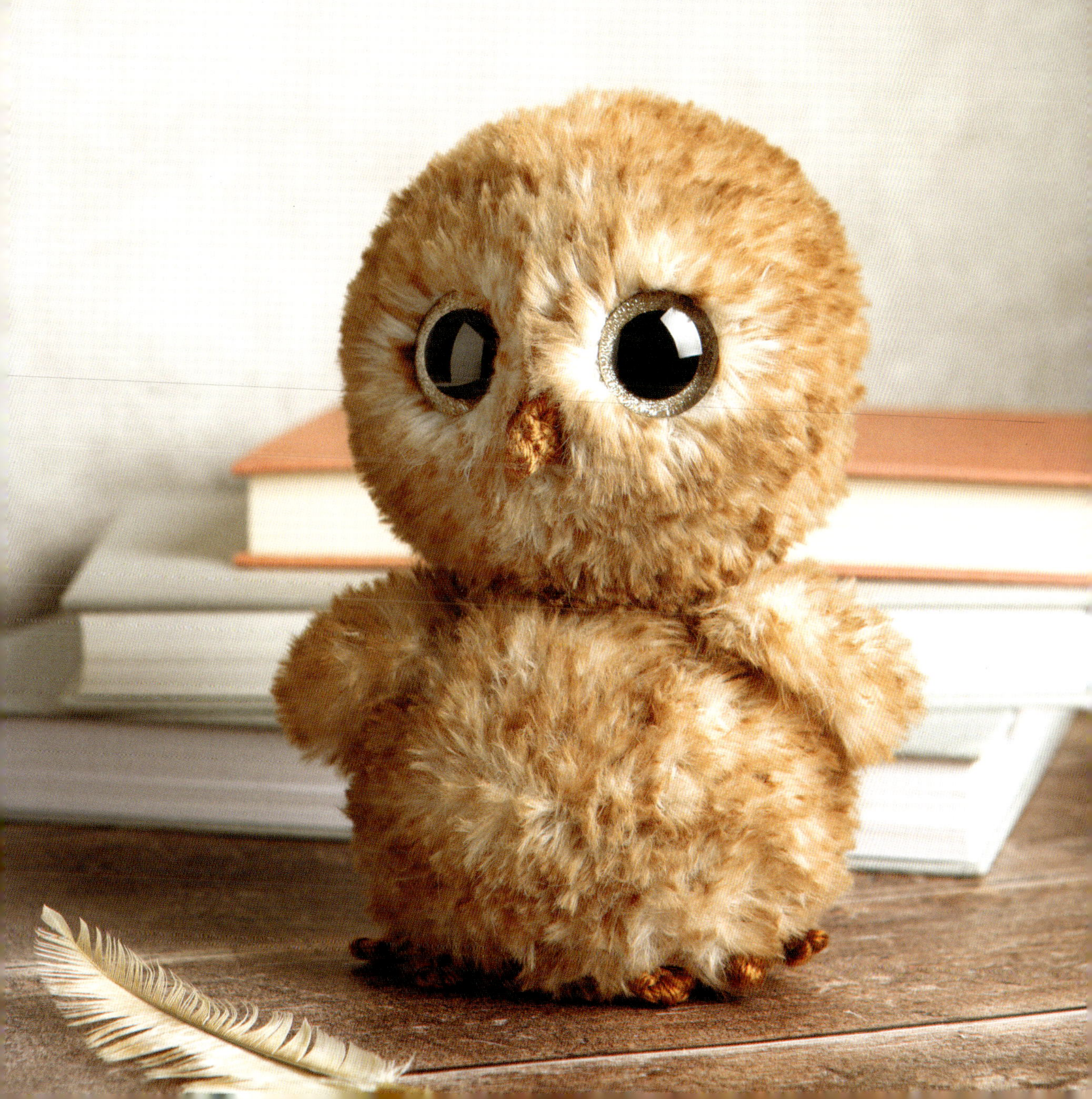

ISBN 978-3-8094-4939-3

1. Auflage

Die englische Originalausgabe erschien 2024 bei Search Press Limited, Wellwood, North Farm Road, Tunbridge Wells, Kent TN2 3DR unter dem Titel *Crochet Furry Friends*

Bildnachweis:

Seiten 8, 10 (oben), 14–24, 27–29, 31, 42, 56–58, 70–71, 74, 79, 83 und 95 von der Autorin, alle anderen Fotografien von Stacy Grant

Umschlaggestaltung: Atelier Versen, Bad Aibling

Redaktion und Producing: SAW Communications, Redaktionsbüro Dr. Sabine A. Werner, Dahn

Übersetzung: SAW Communications, Mia Kessler

Satz: SAW Communications in Zusammenarbeit mit Anke Enders

Herstellung: Franziska Polenz

Projektleitung: Sibylle Lehmann

Printed in China

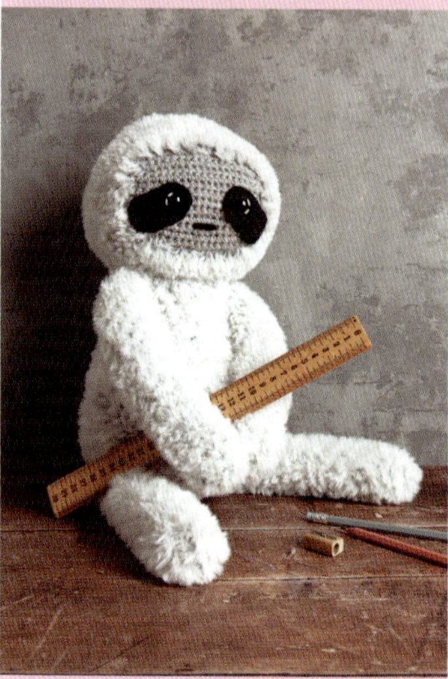

Sicherheitshinweis
Augen und Knöpfe am Spielzeug können für kleine Kinder eine Gefahr darstellen. Verwenden Sie daher unbedingt Sicherheitsaugen und überprüfen Sie, dass diese auch wirklich gut befestigt sind. Die flauschigen Freunde sind für Kinder ab 3 Jahre geeignet.

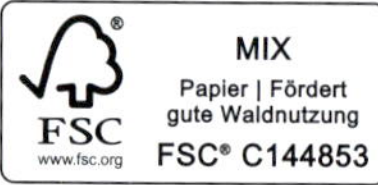

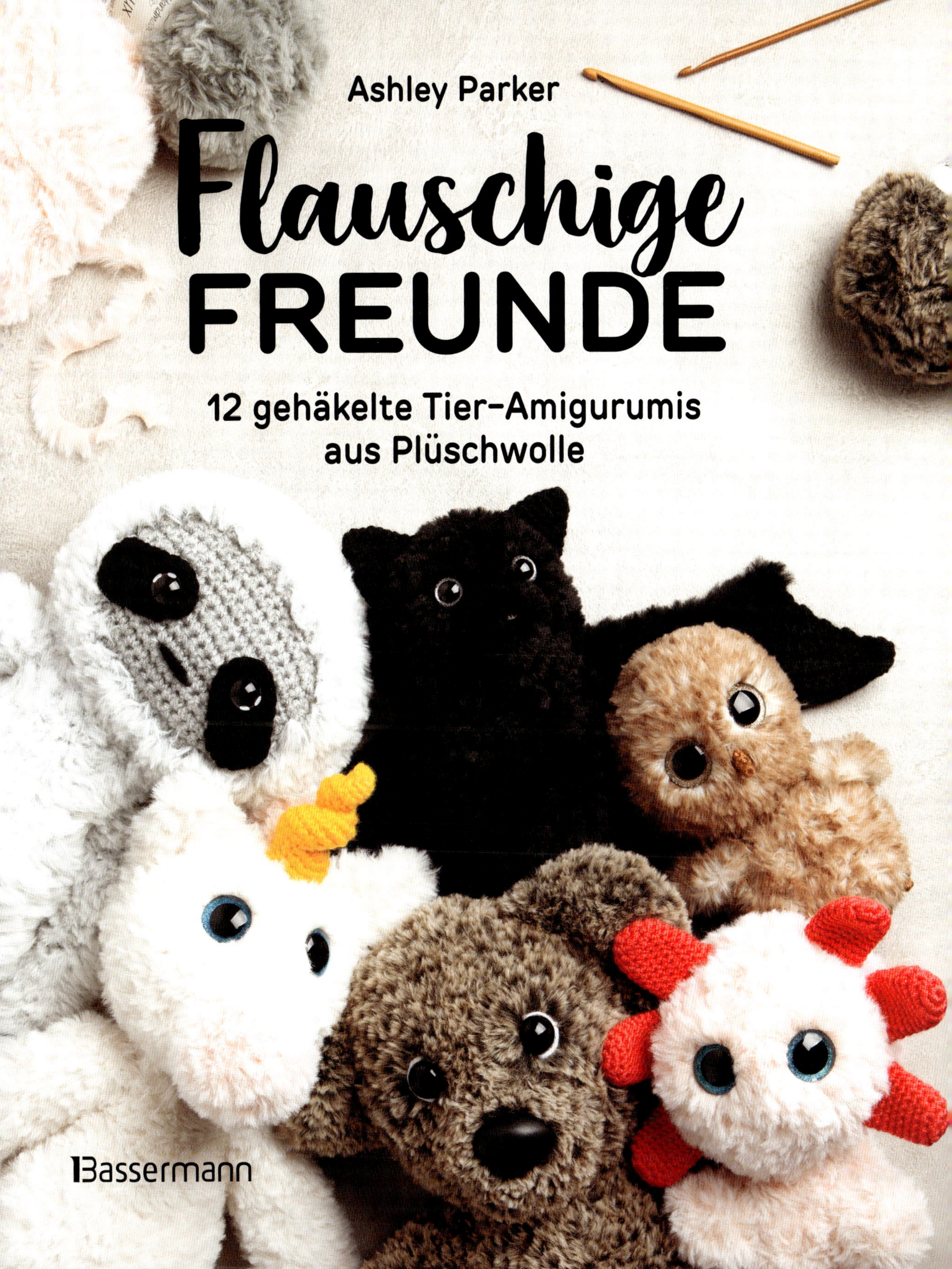

Ashley Parker
Flauschige
FREUNDE
12 gehäkelte Tier-Amigurumis
aus Plüschwolle
Bassermann

Dank

Es hat mir unglaublich viel Spaß gemacht, diese flauschigen Häkeltiere zu entwerfen. Vielen Dank an das wunderbare Team von Search Press, das mir mit dem vorliegenden Buch die Gelegenheit gegeben hat, diese Tierchen zum Leben zu erwecken.

Für seine tolle Unterstützung bedanke ich mich bei meinem Mann Steven, der immer für mich da ist – sei es zum Zuhören, Kaffeekochen oder für was auch immer – und der mir dabei geholfen hat, meinen Traum zu verwirklichen und dieses Buch zu vollenden.

Danke an Harrison und Abigail dafür, dass ihr mich immer wieder inspiriert und unterstützt. Ihr seid die besten Kinder, die eine Mutter sich nur wünschen kann! Danke auch für eure Geduld und euer Verständnis, wenn ihr nicht mit den Plüschtieren spielen dürft, an denen ich gerade arbeite – zumindest noch nicht.

Donna und Lyle , ich danke euch dafür, dass ihr wirklich immer an mich geglaubt und mich bestärkt habt. Ohne eure Unterstützung hätte ich das nicht geschafft.

Danke, Tante Michelle, für den dienstäglichen Tee- und Häkelklub, für dein Feedback und deine Ratschläge, mit denen du mich bei der Arbeit an den Projekten für dieses Buch unterstützt hast. Du hast meine Nummer nicht einmal dann blockiert, als ich dir das tausendste Foto desselben Plüschtiers geschickt habe, um deine Meinung darüber einzuholen.

Ein besonderer Dank geht an meine Oma, die mir das Arbeiten mit Garn gezeigt und mir eine Liebe für das Handarbeiten mitgegeben hat. Das hat mein Leben verändert und ich werde dafür immer dankbar sein.

Hersteller

Vielen Dank an diese wunderbaren Unternehmen für die Bereitstellung der Materialien, die für die Projekte in diesem Buch verwendet wurden:

Garn

WeCrochet: www.crochet.com
(Ersatzweise kann z. B. Wolle von Yarn Art, Go Handmade usw. benutzt werden, die in Deutschland gut erhältlich ist.)
Lion Brand Yarns: www.lionbrand.com
Hobbii Yarns: www.hobbii.de

Häkelnadeln

Furls: www.furlscrochet.com

Sicherheitsaugen

Chateau Bornais: www.chateaubornais.com

Sonstiges Zubehör

Maschenmarkierer: Verschließbare Maschenmarkierer von Clover
Füllwatte: Füllung von Poly-fil
Selbstverständlich können auch Produkte anderer Hersteller problemlos verwendet werden.

Inhalt

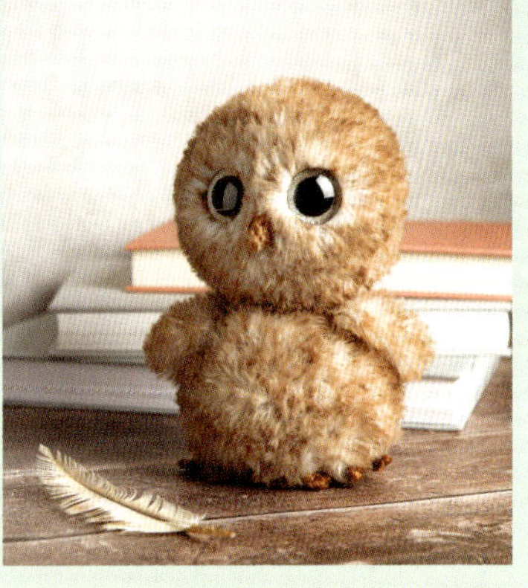

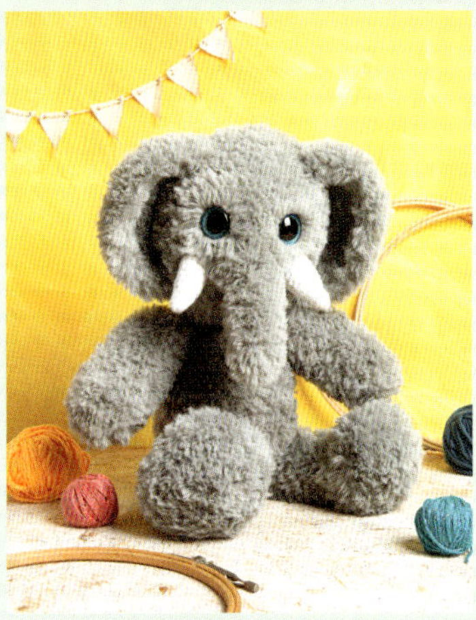

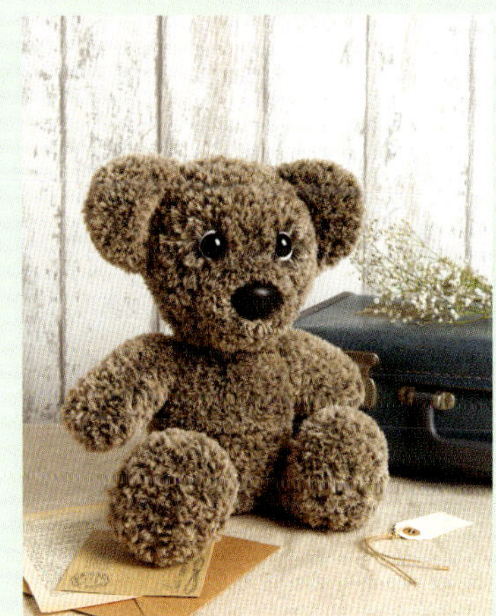

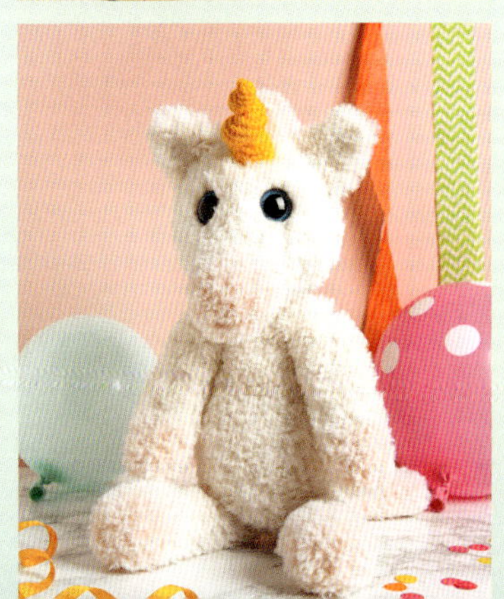

Einleitung

Der Reiz, der von Kunstfellgarn ausgeht, ist offensichtlich: Es ist weich und plüschig, und es lassen sich damit Projekte realisieren, für die ansonsten Nähkenntnisse notwendig wären. Doch viele schrecken davor zurück, mit diesem tollen Garn zu häkeln. Aber warum? Sie haben Angst zu scheitern, da das Häkeln mit Kunstfellgarn den Ruf hat, sehr schwierig oder gar unmöglich zu sein. Ich möchte Sie davon überzeugen, dass das Häkeln mit Kunstfellgarn nicht nur machbar ist, sondern auch eine wahre Freude sein kann – und ich zeige Ihnen wie.

Als ich mein erstes Knäuel Fellgarn zum Ausprobieren erhielt, hatte ich die gleiche Sorge wie viele andere: Wie soll ich bloß erkennen, wo eine Masche endet und die nächste beginnt? Woher soll ich wissen, wo ich mit der Nadel einstechen muss? Das wird ein schwieriges Unterfangen, dachte ich. Doch ich habe ein Motto: Was mir Angst macht, wird gemacht (oder zumindest ausprobiert!).

Dieses erste Knäuel hatte eine hellgraue Farbe, die mich sofort an einen Koala erinnerte. Zu dieser Zeit wurde Fellgarn nur selten verwendet und wenn, dann nur in geringen Mengen für Bordüren oder andere kleine Details. Niemand machte daraus Amigurumis. Ohne mich von der Herausforderung abschrecken zu lassen, machte ich mich an die Arbeit und letztendlich entstand der Koala Kaya – die englische Häkelanleitung ist auf meinem Blog zu finden.

Während ich diese erste Anleitung entwickelte, lernte ich viel über das Arbeiten mit Kunstfellgarn und verliebte mich in das Material. Ich entwarf weitere gehäkelte Spielzeuge aus Fellgarn und lernte bei jedem Projekt etwas Neues dazu. Dabei traf ich auf viele Häkelbegeisterte, die meine Amigurumi-Projekte aus Fellgarn gerne ausprobiert hätten, sich aber nicht trauten. Um ihnen den Start zu erleichtern, wollte ich die Tipps und Tricks weitergeben, die ich mir durch Ausprobieren erarbeitet habe. Ich wusste, diese Tipps würden dabei helfen, ihnen den anfänglichen Frust zu ersparen, weil sie dann bereits die passenden Lösungen für mögliche Schwierigkeiten parat hätten. Dadurch würden Fellgarn-Projekte weniger abschreckend wirken.

Über meinen Blog und meine Video-Tutorials konnte ich bereits zahlreichen Menschen dabei helfen, etwas zu meistern, das sie zuvor für unmöglich gehalten hatten. Mit diesem ultimativen Lehrbuch zu Amigurumis aus Kunstfellgarn, das Sie jetzt in den Händen halten, möchte ich das Gleiche auch für Sie tun. Ich möchte für das Häkeln mit Kunstfellgarn begeistern, indem ich Ihnen Ratschläge, Werkzeuge und Techniken an die Hand gebe, die das Arbeiten damit einfacher und angenehmer gestalten. Wenn Sie diese erst mal im Repertoire haben, zeige ich Ihnen, wie Sie umwerfende Projekte realisieren, bei denen Familie und Freunde aus allen Wolken fallen werden, wenn Sie Ihnen erzählen, dass Sie sie selbst gehäkelt haben.

Wie immer, wenn man etwas Neues lernt, empfiehlt es sich, zuerst den Abschnitt über die Techniken zu lesen. Hier erkläre ich Ihnen, wie Sie die Kunstfellgarne erkennen, die sich am leichtesten verarbeiten lassen, teile all mein Wissen mit Ihnen, das Sie für den Einstieg in das Häkeln mit Fellgarn benötigen, und zeige Ihnen Techniken, mit denen Sie Ihren Projekten ein professionelles Finish verleihen. Haben Sie etwas Geduld und Vertrauen bei Ihren ersten Projekten. Am Anfang mag Ihre Arbeit erst mal nur wie ein zauseliges Knäuel aussehen, doch sobald Sie alle Teile zusammenfügen, wird das Projekt Gestalt annehmen. Wenn Sie bereits Grundtechniken wie die feste Masche beherrschen, dann haben Sie schon die nötigen Fertigkeiten, um aus Fellgarn Plüschtiere zu häkeln, die begeistern. Sie müssen nur einige der Techniken etwas anpassen, damit sie mit Fellgarn besser funktionieren.

Sollte Sie doch einmal der Frust packen, machen Sie einfach eine Pause. Sie schaffen das auf jeden Fall! Das Schwierigste an der Arbeit mit Fellgarn ist, die eigenen Zweifel zu überwinden und Geduld mit sich selbst zu haben.

Die Projekte in diesem Buch bestehen aus einfachen Maschen und Formen, sodass Sie Erfahrung im Häkeln mit Fellgarn sammeln und Ihr Selbstvertrauen stärken können. Für den Einstieg empfehle ich Ihnen Projekte, die vollständig aus Fellgarn bestehen, wie Sherman Schaf (Seite 34), Bobbi Bär (Seite 38) oder Hugo Häschen (Seite 66), bevor Sie sich den komplexeren Projekten zuwenden, die sowohl aus Fellgarn als auch aus glattem Garn bestehen.

Ich hoffe, Sie entdecken mithilfe dieses Buchs Ihre Liebe für Kunstfellgarn und haben Spaß bei der Arbeit an den Projekten. Ich würde mich freuen, die fertigen Projekte zu sehen, die mithilfe dieser Anleitungen entstanden sind. Wenn Sie sie in den sozialen Medien teilen, markieren Sie mich @theloopylamb oder verwenden Sie #theloopylamb, damit ich Ihre Projekte sehen und teilen kann.

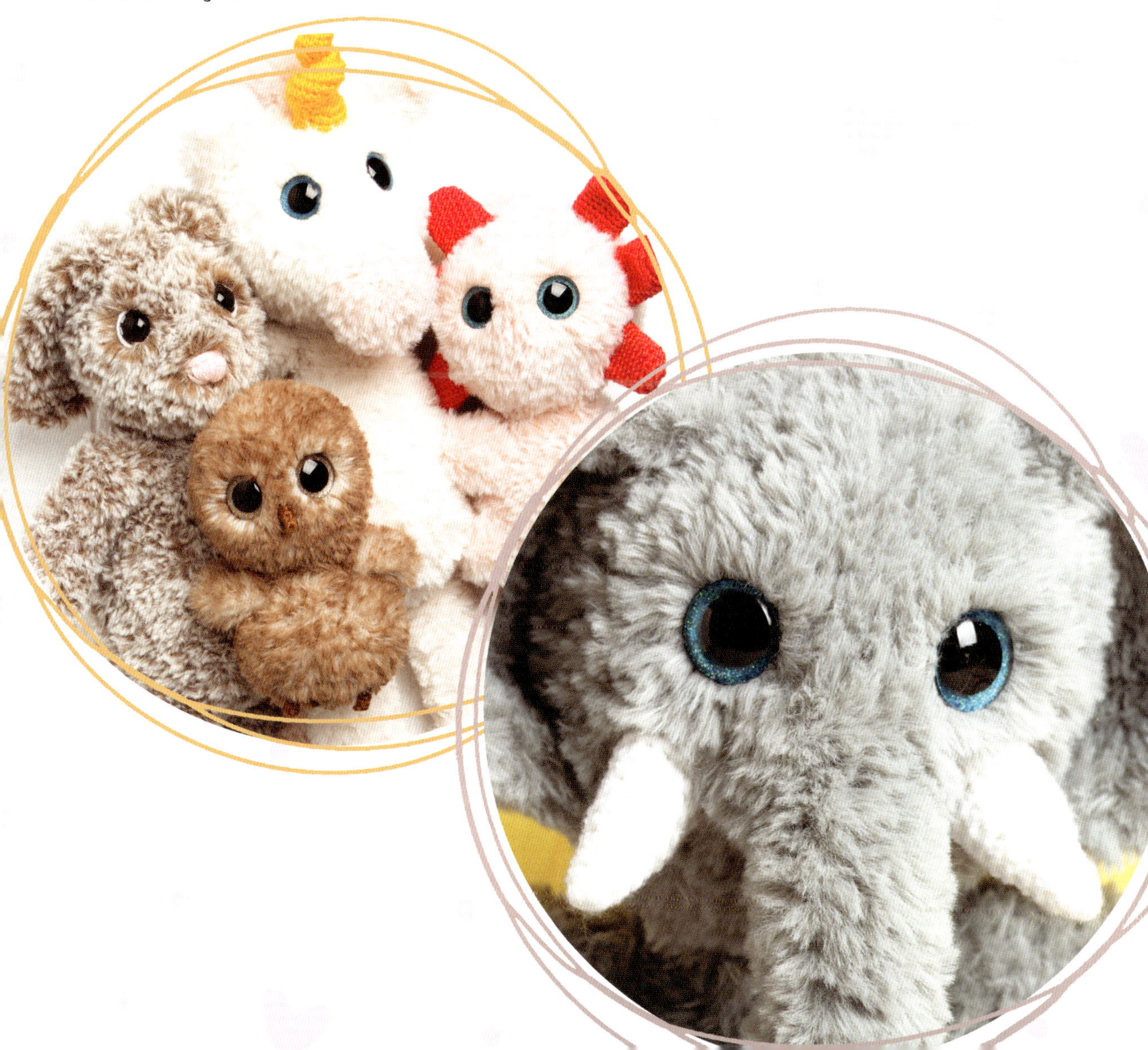

Werkzeuge und Materialien

Häkelnadeln

Für jedes Projekt ist die verwendete Häkelnadelstärke angegeben. Allerdings häkelt jeder Mensch anders, und Sie sollten die Häkelnadelstärke verwenden, mit der Sie die Maße der in der Anleitung angegebenen Maschenprobe erfüllen und / oder die Maschen am besten ertasten können (für weitere Informationen siehe „Die Maschenprobe" auf Seite 24 / 25 und „Tipps und Tricks für die Arbeit mit Fellgarn" auf Seite 30).

Maschenmarkierer

Maschenmarkierer werden eingesetzt, um beim Häkeln in Spiralrunden die erste Masche der Runde zu kennzeichnen. Sie werden zu Beginn jeder neuen Runde versetzt. Für manche Projekte ist es notwendig, mehr als einen Maschenmarkierer zu verwenden, und beim Häkeln in Reihen kann es hilfreich sein, die erste und letzte Masche der Reihe zu kennzeichnen. Am liebsten verwende ich verschließbare Maschenmarkierer, da sie nicht aus den Maschen herausrutschen können.

Füllwatte

Füllwatte verleiht den Plüschtieren ihre dreidimensionale Form. Ich verwende Füllwatte der Marke Poly-fil, die aus recyceltem Polyester besteht. Im Abschnitt „Plüschtiere ausstopfen" auf Seite 26 finden Sie Tipps, wie Sie damit Ihr Häkeltier am besten aussehen lassen.

Wollnadel

Eine Wollnadel (nicht im Bild zu sehen) kommt zum Einsatz, um lose Fadenenden zu vernähen, Löcher zu schließen, Einzelteile zusammenzunähen und die Plüschtiere mit aufgestickten Akzenten zu versehen. Ich empfehle eine Wollnadel mit großem Öhr, damit sich das Fellgarn leichter einfädeln lässt. Am liebsten benutze ich Wollnadeln mit gebogener Spitze – damit ist das Zusammennähen von Einzelteilen noch etwas leichter.

Sicherheitsaugen und -nasen

Für die Projekte in diesem Buch verwende ich Sicherheitsaugen und -nasen in verschiedenen Größen und Farben. Achten Sie darauf, dass die Verschlussscheiben groß genug sind, damit die Augen oder Nasen nicht abfallen oder herausgezogen werden können.

Glaskopfstecknadeln und Perlkopfnadeln

Lange Glaskopfstecknadeln oder 5 cm lange Perlkopfnadeln können hilfreich sein, um Einzelteile an Ort und Stelle zu halten, während Sie sie am Plüschtier festnähen. Ich bevorzuge Perlkopfnadeln, weil die größeren Köpfchen zwischen dem Fellgarn leichter zu finden sind. Beide Stecknadelarten sind in örtlichen Handarbeits- oder Stoffgeschäften erhältlich. Unabhängig davon, für welche Art Sie sich entscheiden, sollten Sie Nadeln verwenden, die mindestens 5 cm lang sind, um einen sicheren Halt zu gewährleisten.

Bürste mit Metallborsten

Eine Bürste mit Metallborsten ist unentbehrlich für die Fertigstellung der Plüschtiere und verleiht ihnen den letzten Schliff. Es muss nichts Ausgefallenes oder Teures sein – ich verwende eine Hundebürste mit Metallborsten!

Schere

Verwenden Sie eine scharfe Schere (nicht im Bild zu sehen), um Garn durchzuschneiden und das Fell zurückzuschneiden.

Maßband

Verwenden Sie ein Maßband (nicht im Bild zu sehen), um Ihre Maschenproben auszumessen.

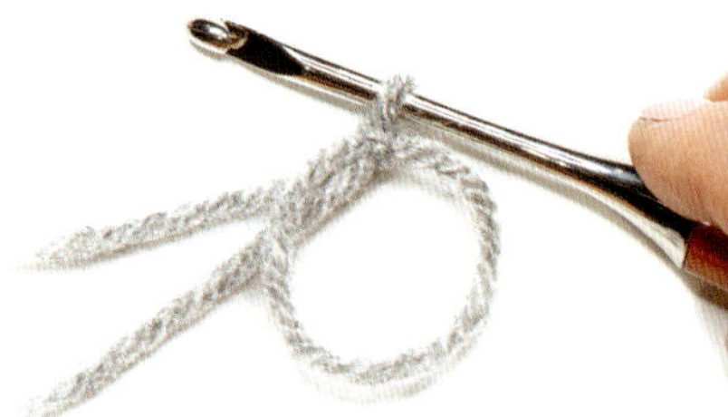

Kunstfellgarn

Für die Projekte in diesem Buch benötigen Sie ein Kunstfellgarn der Stärke „Super Chunky". Für Anregungen siehe „Die Auswahl des richtigen Kunstfellgarns" auf Seite 10.

Acrylgarn der Stärke „Aran"

Für einen Teil der Projekte wird Acrylgarn der Stärke „Aran" benötigt. Da die Garnstärke „Aran" leicht variieren kann, ist eine Maschenprobe unerlässlich.

Garnreste

Sie sollten unbedingt Garnreste in verschiedenen Längen zur Hand haben, da sie sehr nützlich sind, um beim Häkeln den Überblick über die Runden zu behalten. Auf Seite 30 unter „Tipps und Tricks für die Arbeit mit Fellgarn" finden Sie noch detailliertere Informationen dazu, wie Sie diese fortlaufenden Markierungsfäden beim Häkeln einsetzen.

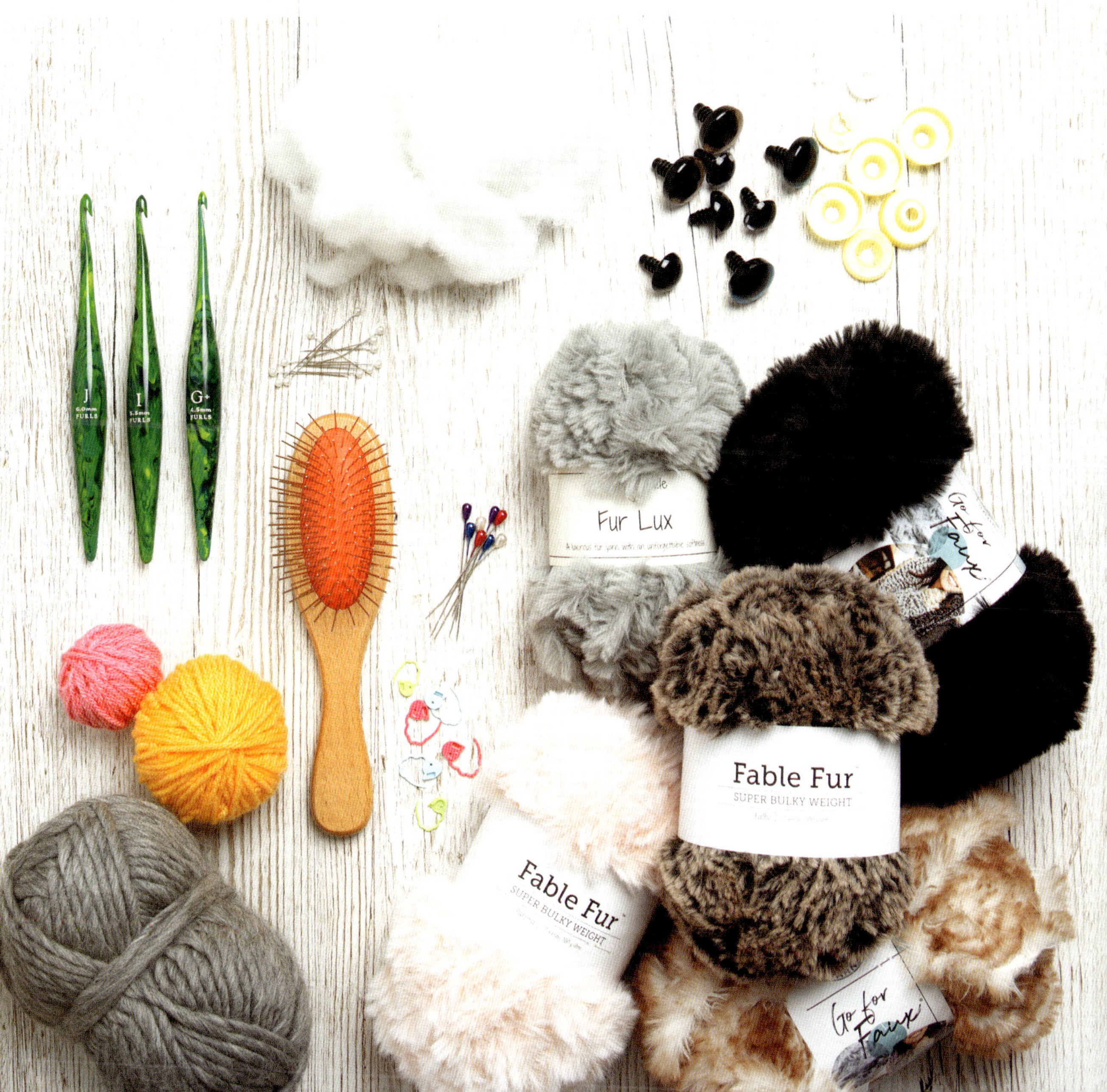

Die Auswahl des richtigen Kunstfellgarns

Es gibt viele schöne Kunstfellgarne in verschiedenen Farben und Garnstärken und mit unterschiedlicher Felllänge und -struktur. Eine Wahl zu treffen kann sehr schwierig sein, und je nach gekauftem Garn kann man sich das Häkeln mit Fellgarn noch zusätzlich erschweren. Aber keine Angst! Ich werde Ihnen dabei helfen, das Fellgarn auszuwählen, mit dem Ihnen Ihre ersten Fellgarnprojekte möglichst problemlos gelingen.

Herstellungsart des Garns

Das wichtigste Merkmal beim Kauf von Fellgarn ist dessen Herstellungsart. Kunstfellgarne bestehen aus einem Strang, an dem die Fellfasern befestigt sind. An diesem Strang orientieren Sie sich beim Häkeln und Ertasten Ihrer Maschen. Je dünner der Strang, desto schwieriger ist es, die Maschen zu ertasten. Je dicker der Strang, desto leichter ist es, die Maschen zu ertasten. Im Bild rechts sehen Sie den Unterschied zwischen den beiden Arten. Das linke Garn hat einen dickeren Strang, wodurch es sich leichter verarbeiten lässt.

Die Garnstärke

Für die Projekte in diesem Buch wird Kunstfellgarn der Stärke „Super Chunky" verwendet, das einen dicken band-ähnlichen Strang hat. Kunstfellgarn ist in verschiedenen Garnstärken erhältlich, doch Garn der Stärke „Super Chunky" ist ideal für Anfänger, da es meist aus dickeren Strängen besteht. Dies erleichtert das Ertasten der Maschen beim Häkeln.

Die Fellstruktur

Die in diesem Buch verwendeten Fellgarne imitieren das Aussehen von echtem Fell. Achten Sie darauf, dass der einzelne Garnstrang voll und flauschig wirkt. Wenn die Fellfasern eher spärlich oder dünn aussehen, wird das Fell des fertigen Projekts wahrscheinlich genauso wirken.

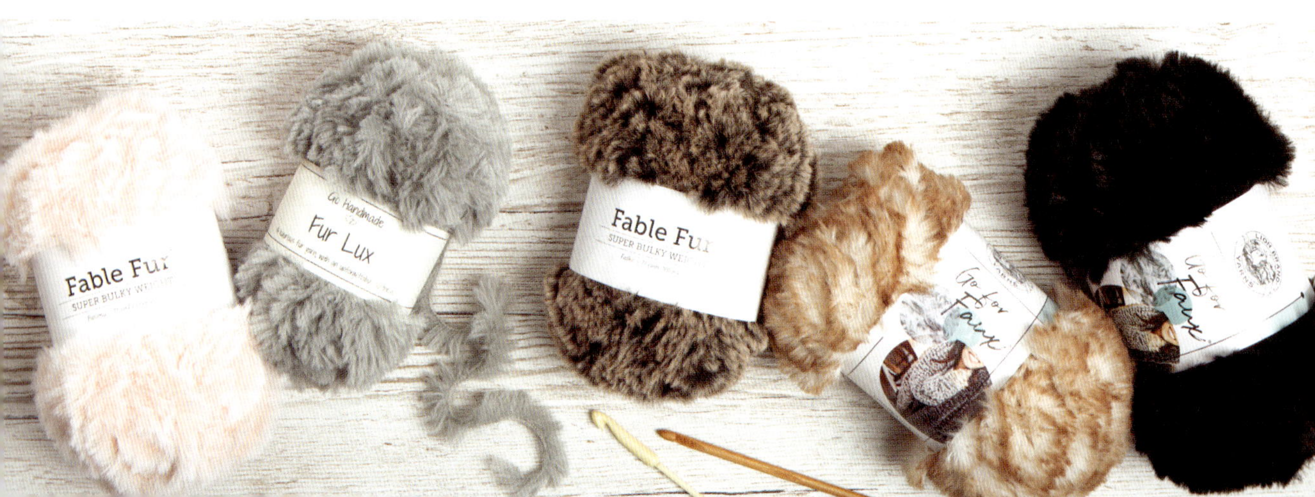

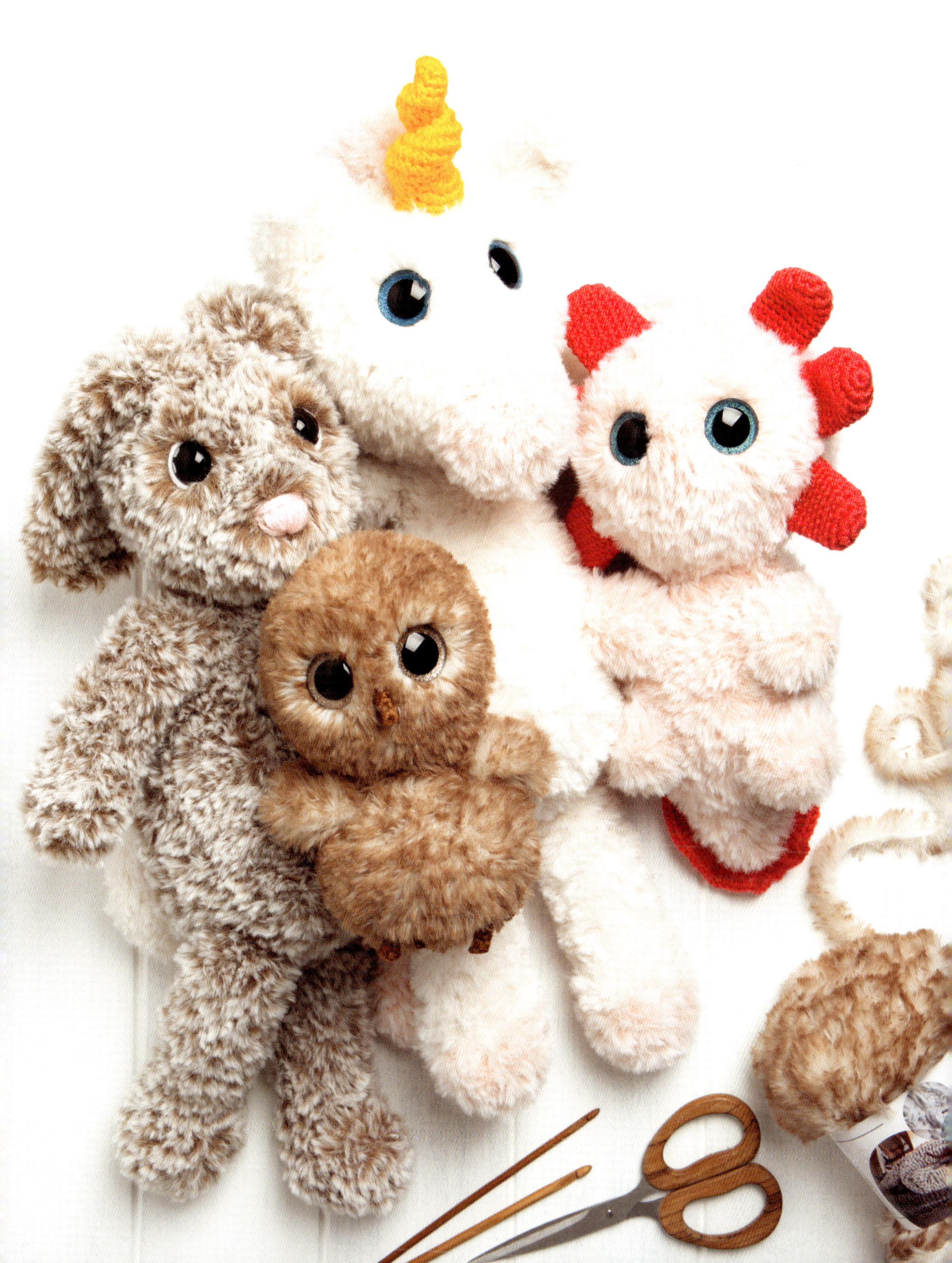

Abkürzungen

In den Anleitungen werden die für das Häkeln gängigen Abkürzungen verwendet. Wer sich noch nicht ganz sicher fühlt, kann sich dieses Verzeichnis neben die Häkelarbeit legen. Aber seien Sie versichert: Schon nach kurzer Zeit werden Sie die Häkelabkürzungen lesen können wie ein Profi!

drei feste Maschen zusammenhäkeln	3 fM zus
Fadenring	Fr
feste Masche abnehmen	fM abn
feste Masche zunehmen	fM zun
feste Masche(n)	fM
halbe(s) Stäbchen	hStb
Kettmasche(n)	Km
linke Seite	liS
Luftmasche(n)	Lm
Masche(n)	M
nur ins hintere Maschenglied arbeiten	nur hMg
nur ins vordere Maschenglied arbeiten	nur vMg
rechte Seite	reS
Stäbchen	Stb

Hinweis zu den Garnen

Die originalen Garne, aus denen die Plüschtiere in diesem Buch angefertigt wurden, stammen von den Herstellern Lion Brand, Hobbii Yarns und WeCrochet. Es eignen sich jedoch auch viele andere Garne, die in Deutschland unter Bezeichnungen wie Fellgarn, Kunstfellgarn, Plüschgarn, Fransengarn, Flauschgarn oder Flauschwolle vertrieben werden. Sie sind in der Wahl des Fellgarns völlig frei, sollten aber sicherstellen, dass die Garnstärke und die Stärke der Häkelnadel zueinander passen und keine Löcher entstehen, durch die das Füllmaterial nach außen quellen könnte. Je nach Garn wird Ihr Plüschtier etwas größer oder kleiner ausfallen. Bei Projekten aus glatten Garnen und Fellgarnen ist eine Maschenprobe unerlässlich. Wann eine Maschenprobe gehäkelt werden muss, ist bei den Projekten angegeben.

Noch eine Anmerkung zu den Garnstärken:

Bezeichnungen wie „Super Chunky“ und „Aran“ sind vor allem im englischsprachigen Raum geläufig. Bei der Suche nach einem passenden Ersatzgarn orientieren Sie sich bei der Wahl der Garnstärke an der Stärke der verwendeten Häkelnadel. Für weitere Informationen siehe „Die Maschenprobe“ auf Seite 24 / 25.

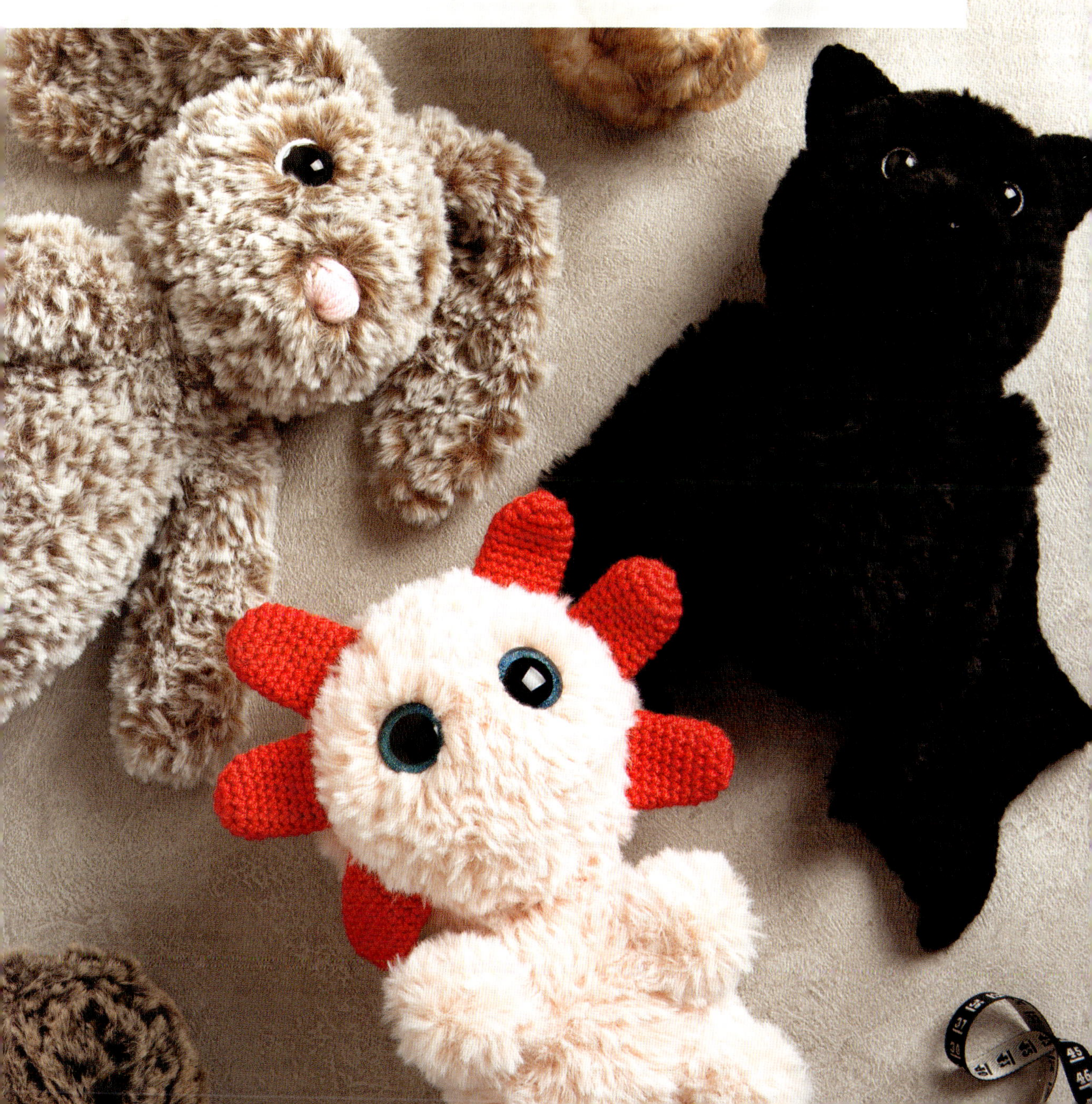

Techniken

Die Häkelmaschen

Feste Masche (fM)

Die feste Masche ist eine schnelle und einfache Masche, die für einen Großteil der Plüschtier-Einzelteile benötigt wird. Diese Masche ist einfach zu lernen und bildet die Grundlage für die meisten Amigurumi-Projekte.

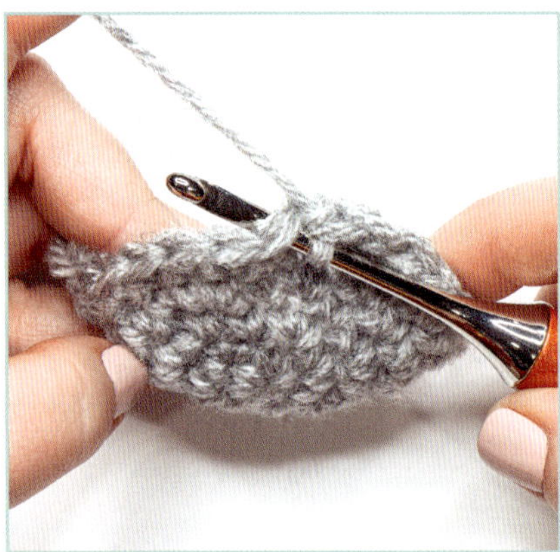

1 Mit der Häkelnadel in die vorgesehene Masche stechen.

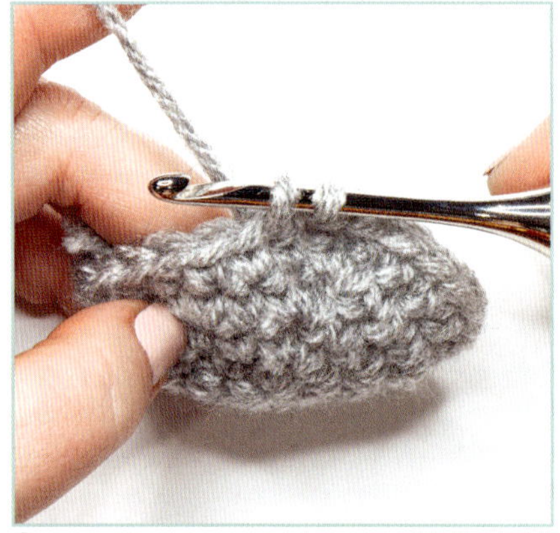

2 Einen Umschlag machen – also den Faden von hinten nach vorne um die Nadel legen – und den Faden durch die Masche ziehen.

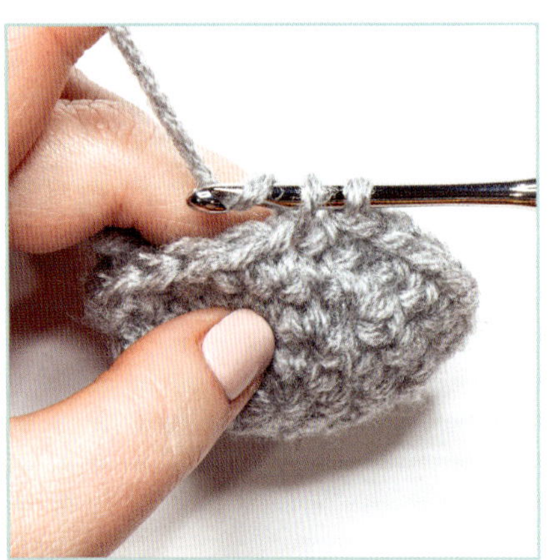

3 Einen Umschlag machen.

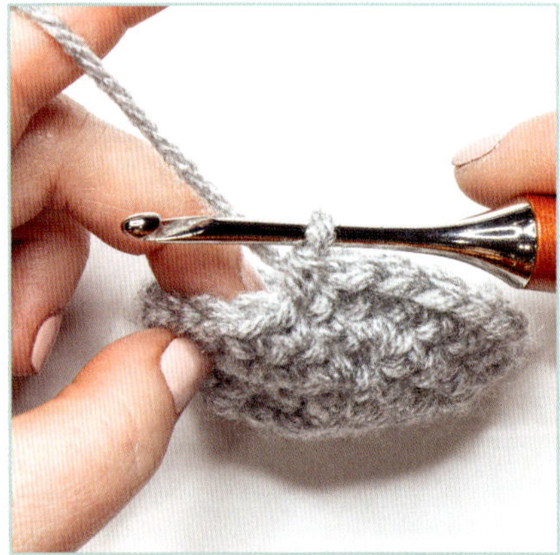

4 Den Faden durch beide Schlingen auf der Häkelnadel ziehen.

Feste Masche zunehmen / zwei feste Maschen in die gleiche Masche häkeln (fM zun)

Mit der Häkelnadel in die vorgesehene Masche oder Luftmasche stechen. Einen Umschlag machen und den Faden durch die Masche ziehen. Einen Umschlag machen und den Faden durch beide Schlingen auf der Häkelnadel ziehen. Die erste feste Masche ist fertig. Mit der Häkelnadel erneut in die gleiche Masche oder Luftmasche stechen, einen Umschlag machen und den Faden durch die Masche ziehen. Einen Umschlag machen und den Faden durch beide Schlingen auf der Häkelnadel ziehen. Die zweite feste Masche ist fertig.

Feste Masche abnehmen/zwei feste Maschen zusammenhäkeln (fM abn)

Diese Maschenabnahme wird eingesetzt, um die Anzahl der Maschen in der Reihe bzw. Runde um eine Masche zu reduzieren. Das Abnehmen (und Zunehmen) von Maschen ist notwendig, um den Amigurumis ihre Form zu verleihen.

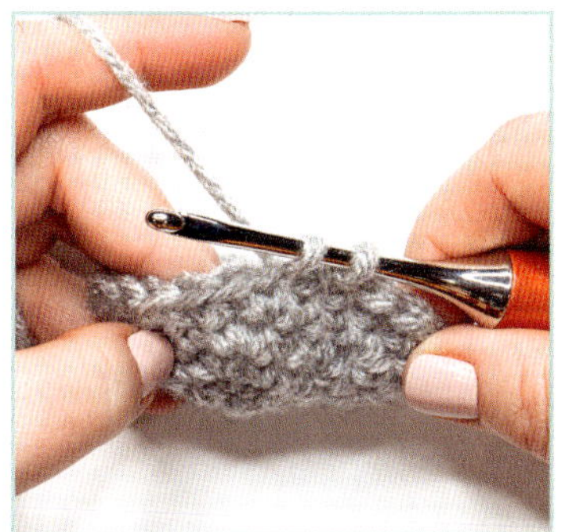

1 Mit der Häkelnadel in die vorgesehene Masche oder Luftmasche stechen. Einen Umschlag machen und den Faden durch die Masche ziehen.

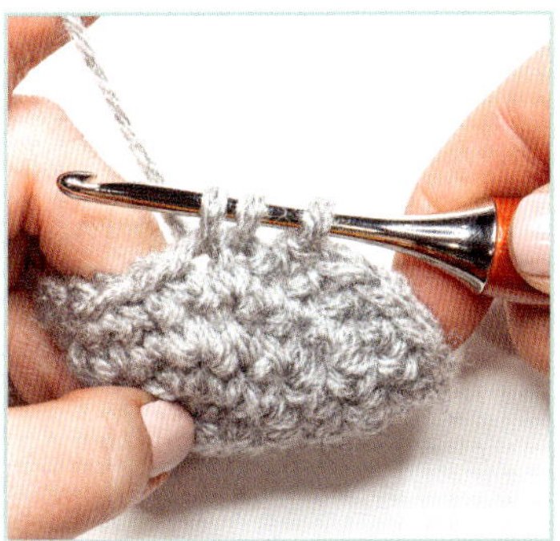

2 Mit der Häkelnadel in die nächste Masche oder Luftmasche stechen. Einen Umschlag machen und den Faden durch die Masche ziehen.

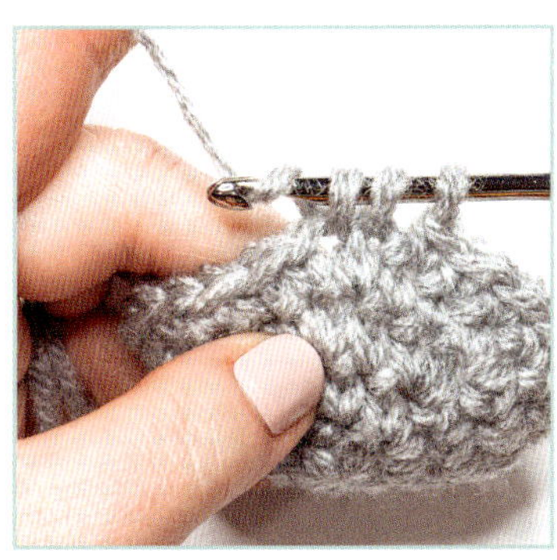

3 Einen Umschlag machen und den Faden durch alle drei Schlingen auf der Nadel ziehen.

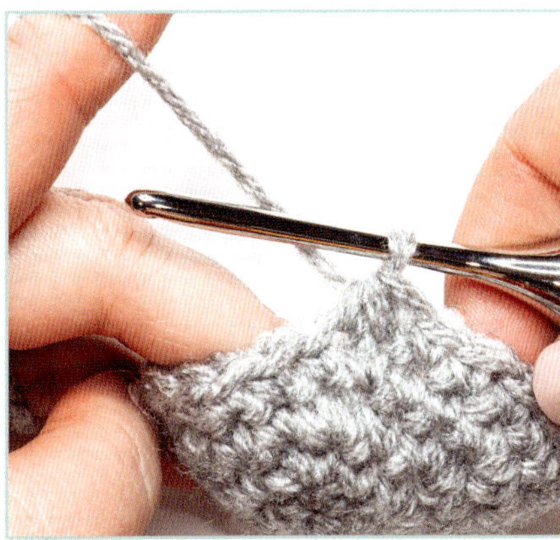

4 Die fertige Maschenabnahme.

Drei feste Maschen zusammenhäkeln (3 fM zus)

Beim Zusammenhäkeln von drei festen Maschen handelt es sich um eine weitere Option, um durch Abnehmen von Maschen die Anzahl der Maschen in der nächsten Reihe bzw. Runde zu reduzieren. In diesem Fall werden zwei Maschen abgenommen, indem aus drei Maschen eine Masche gemacht wird.

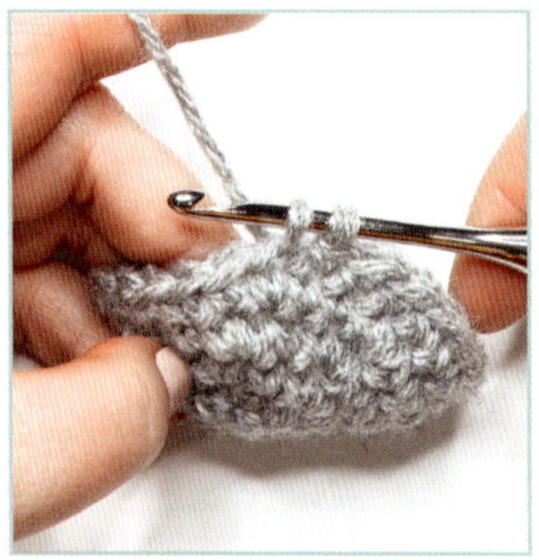

1 Mit der Häkelnadel in die vorgesehene Masche oder Luftmasche stechen. Einen Umschlag machen und den Faden durch die Masche ziehen.

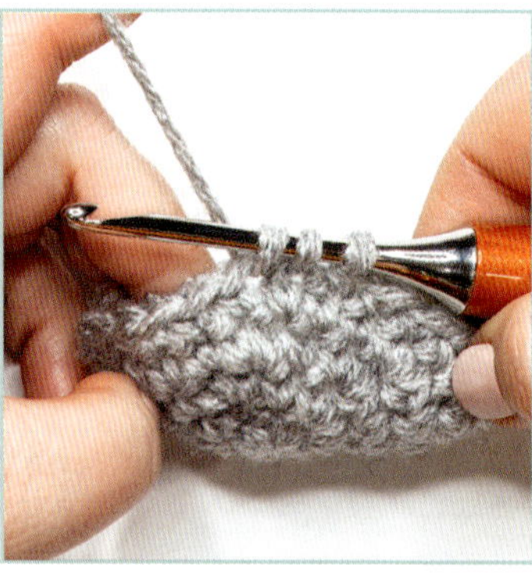

2 Mit der Häkelnadel in die nächste Masche oder Luftmasche stechen. Einen Umschlag machen und den Faden durch die Masche ziehen.

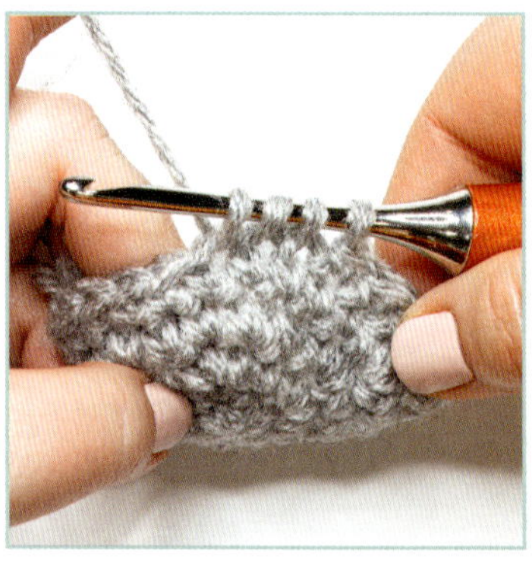

3 Mit der Häkelnadel in die nächste Masche oder Luftmasche stechen. Einen Umschlag machen und den Faden durch die Masche ziehen.

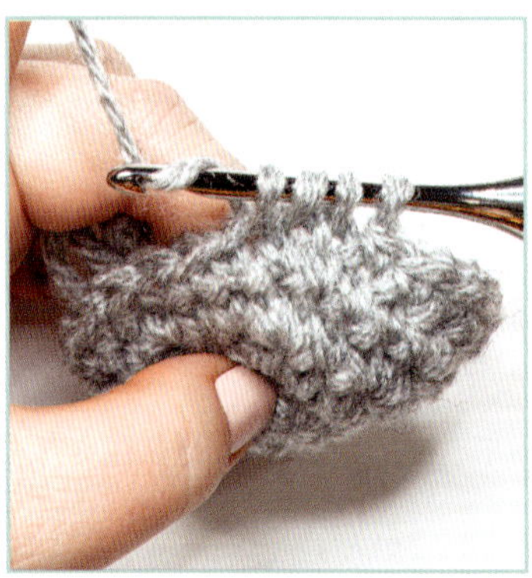

4 Einen Umschlag machen und den Faden durch alle vier Schlingen auf der Nadel ziehen.

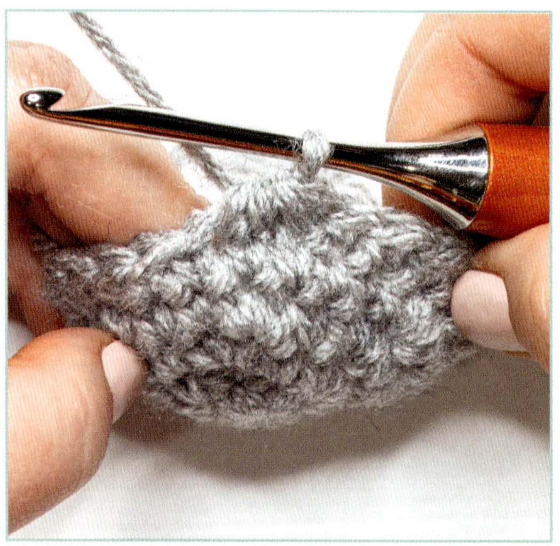

5 Die fertige Maschenabnahme.

Die unsichtbare Abnahme

Bei dieser Variation der Abnahme einer festen Masche entsteht eine weniger wulstige und damit weniger auffällige Masche. Verwenden Sie die unsichtbare Abnahme nur bei Projekten, die mit glattem Garn der Stärke „Aran" in Runden gehäkelt werden, bei der Arbeit mit Fellgarn ist dies nicht nötig.

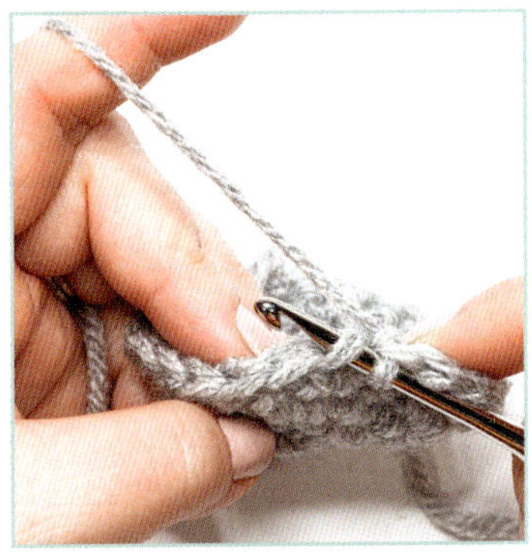

1 Mit der Häkelnadel nur in das vordere Maschenglied der vorgesehenen Masche stechen.

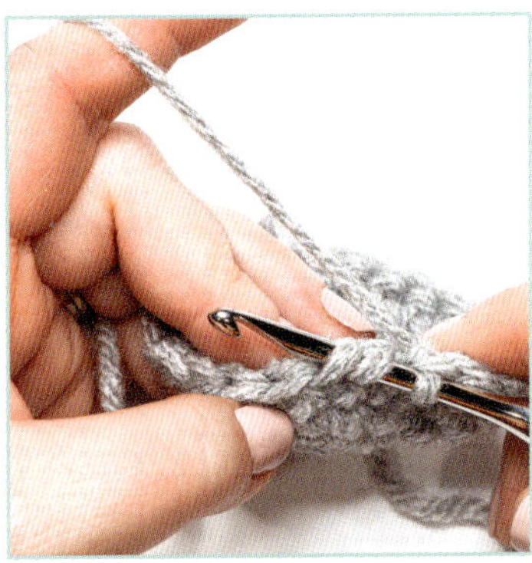

2 Mit der Häkelnadel in das vordere Maschenglied der nächsten Masche stechen.

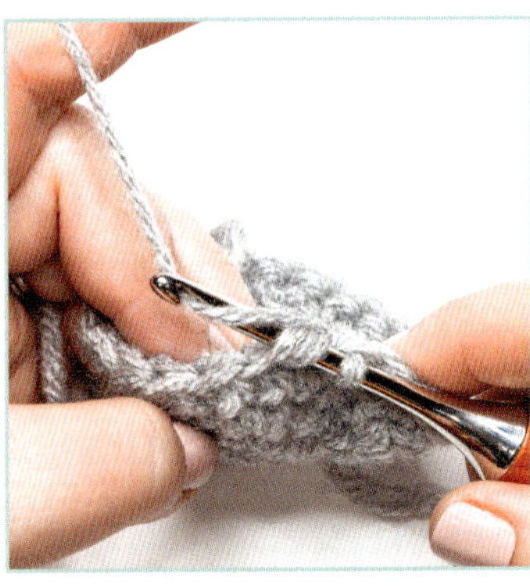

3 Einen Umschlag machen und den Faden durch die beiden Maschenglieder ziehen.

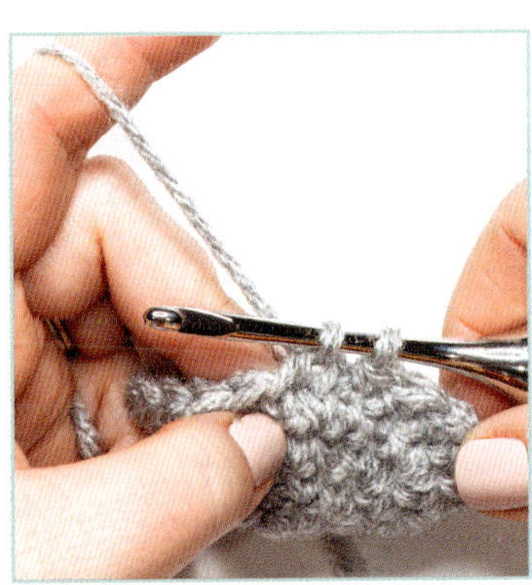

4 Einen Umschlag machen und den Faden durch beide Schlingen auf der Häkelnadel ziehen.

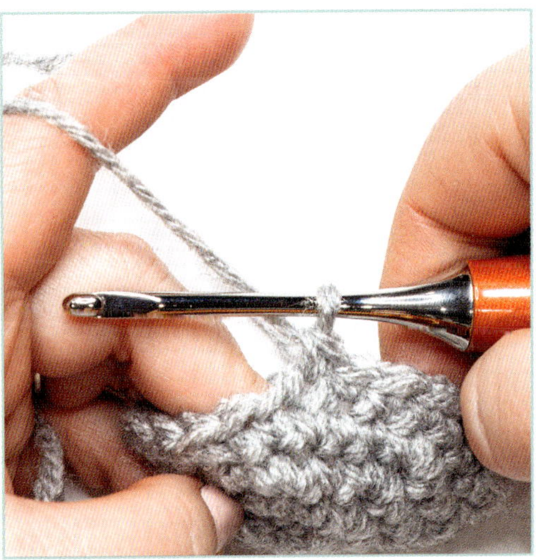

5 Die fertige Maschenabnahme.

Stäbchen (Stb)

Das Stäbchen ist die höchste Masche, die in den Anleitungen in diesem Buch zum Einsatz kommt.

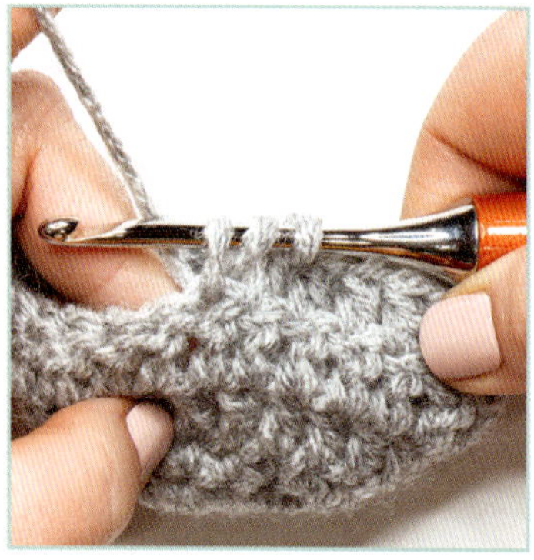

1 Einen Umschlag machen und mit der Häkelnadel in die vorgesehene Masche oder Luftmasche stechen. Einen Umschlag machen und den Faden durch die Masche ziehen.

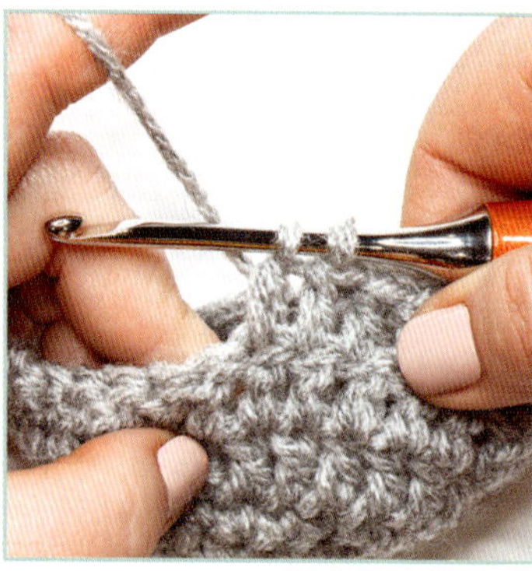

2 Einen Umschlag machen und den Faden durch die ersten zwei Schlingen auf der Nadel ziehen.

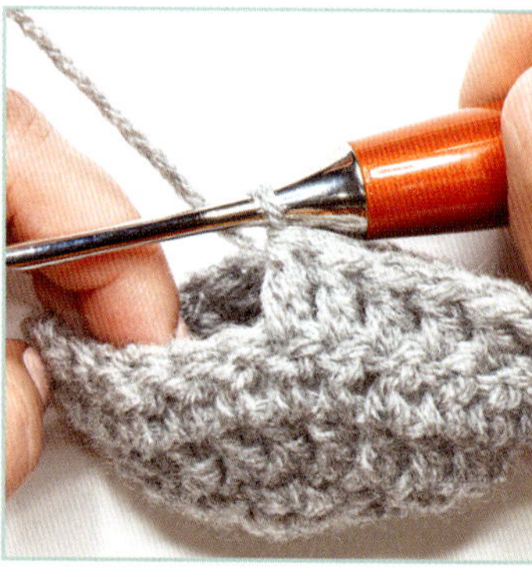

3 Einen Umschlag machen und den Faden durch die letzten zwei Schlingen auf der Nadel ziehen.

Kettmasche (Km)

Mit der Häkelnadel in die vorgesehene Masche stechen. Einen Umschlag machen und den Faden zuerst durch die Masche und im Anschluss gleich durch die Schlinge auf der Häkelnadel ziehen.

Halbes Stäbchen (hStb)

Diese Masche ist höher als eine feste Masche (fM), aber nicht so hoch wie ein Stäbchen (Stb).

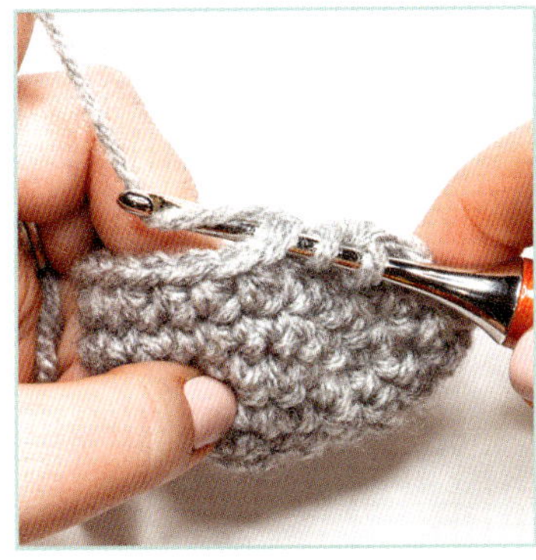

1 Einen Umschlag machen und mit der Häkelnadel in die vorgesehene Masche oder Luftmasche stechen.

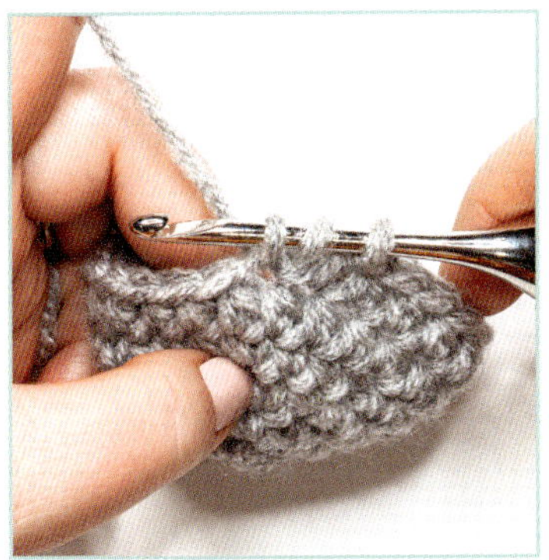

2 Einen Umschlag machen und den Faden durch die Masche ziehen.

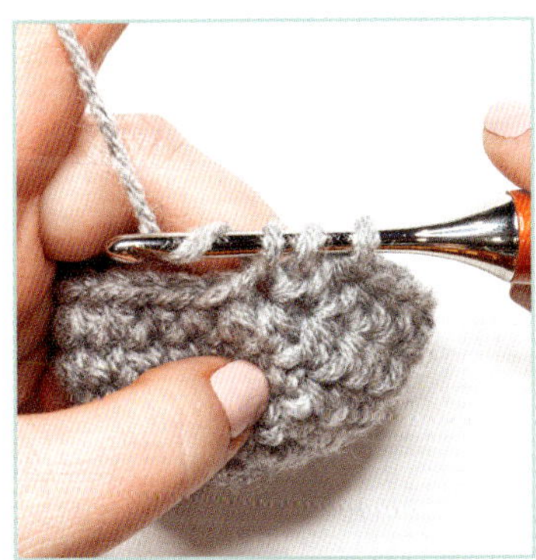

3 Einen Umschlag machen und den Faden durch alle drei Schlingen auf der Nadel ziehen.

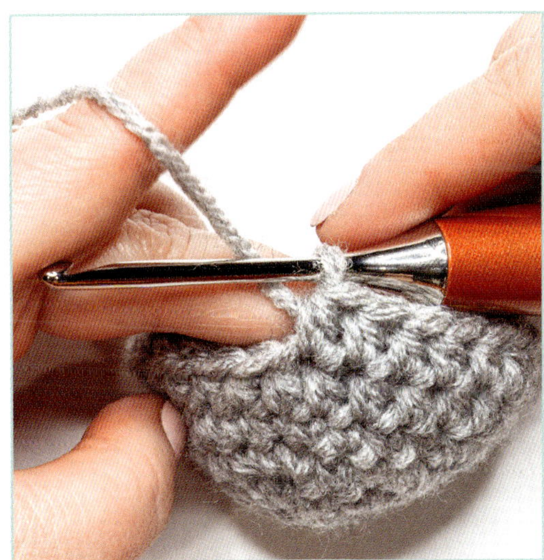

4 Das fertige halbe Stäbchen.

Fadenring (Fr)

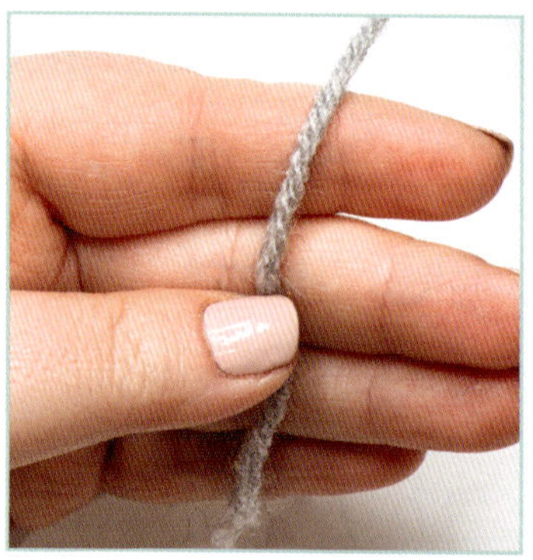

1 Das Garnende zwischen Daumen und Mittelfinger der nicht dominanten Hand nehmen.

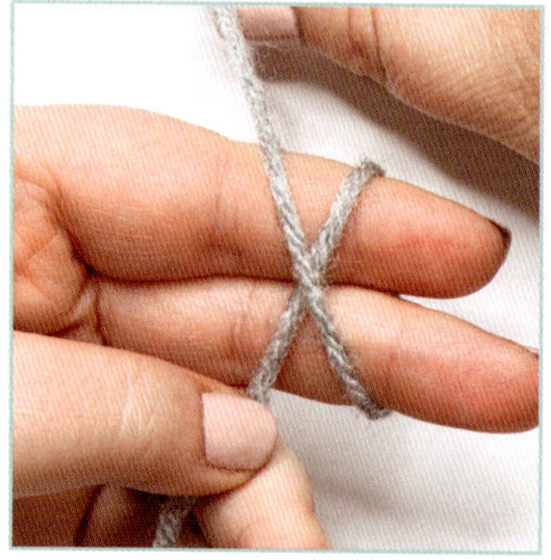

2 Das Garn von vorne nach hinten einmal um die Finger wickeln. Das Garn überkreuzen, sodass ein X auf der Fingerinnenseite entsteht.

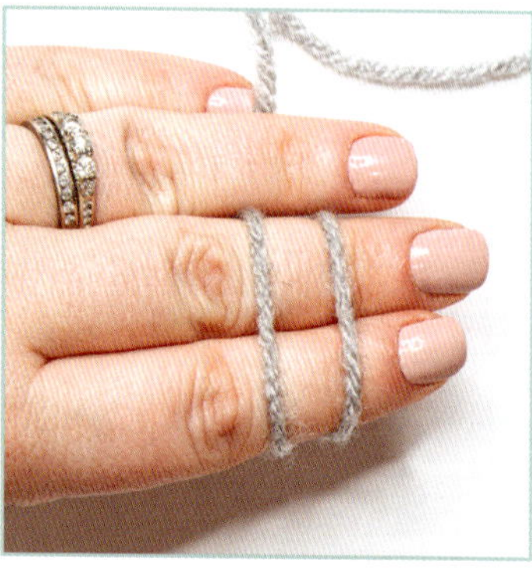

3 Das Garn über die Vorderseiten der Finger legen und zwischen Mittel- und Ringfinger einklemmen.

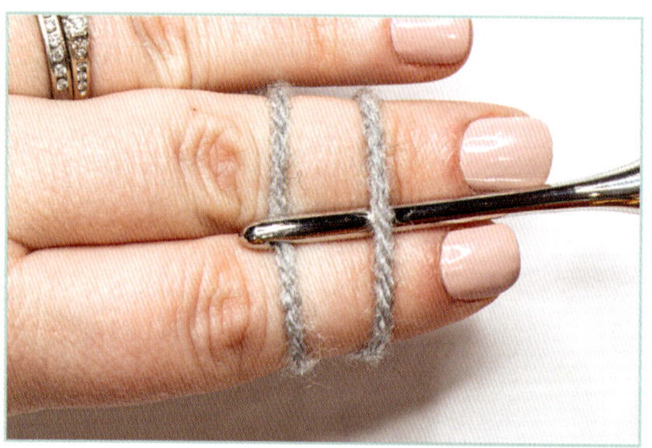

4 Die Häkelnadel unter der ersten Schlaufe hindurch führen und in der zweiten Schlaufe einhaken. Die zweite Schlaufe unter der ersten hindurch ziehen. Die Nadel zum Körper hin drehen, sodass sich eine Schlinge um die Nadel legt. Einen Umschlag mit dem langen, zwischen Mittel- und Ringfinger eingeklemmten Garnende machen und den Faden durch die Schlinge ziehen, sodass eine Luftmasche entsteht.

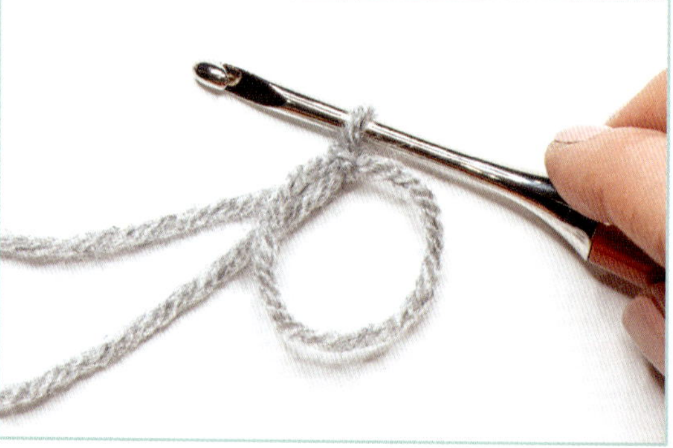

5 Die Finger herausziehen. Der Fadenring ist nun fertig.

In einen Fadenring häkeln

Glattes Garn

Beim Häkeln von Maschen in einen Fadenring folgen Sie der Anleitung für die jeweilige Masche, stechen dabei jedoch mit der Häkelnadel in die Mitte des Fadenrings statt in eine Masche oder Luftmasche. Häkeln Sie das kurze Garnende mit ein, wenn Sie mit glattem Garn arbeiten. Ziehen Sie am kurzen Garnende, um den Fadenring zu schließen, nachdem Sie alle vorgesehenen Maschen in den Ring gehäkelt haben.

Fellgarn

Wenn Sie Maschen in einen Fadenring aus Fellgarn häkeln, sollten Sie darauf achten, das kurze Garnende zur Seite zu nehmen, bevor Sie die Maschen in den Ring häkeln. Häkeln Sie das kurze Garnende in diesem Fall nicht mit ein, sonst lässt sich der Ring später nicht mehr zusammenziehen. Nachdem Sie alle vorgesehenen Maschen in den Ring gehäkelt haben, ziehen Sie am kurzen Garnende, um den Ring zu schließen. Anschließend können Sie das kurze Garnende entweder in der nächsten Runde mit einhäkeln, einen Knoten machen oder es mit einer Wollnadel vernähen.

Nur ins vordere oder hintere Maschenglied arbeiten (nur vMg/nur hMg)

Von oben betrachtet bilden Häkelmaschen kleine V-Formen, die aus zwei Schlingen bestehen – dem vorderen und dem hinteren Maschenglied. Um die beiden voneinander zu unterscheiden, lokalisieren Sie zunächst das V an der Oberseite der Masche: Die Schlinge, die näher bei Ihnen liegt, ist das vordere Maschenglied und die Schlinge, die weiter von Ihnen entfernt ist, ist das hintere Maschenglied.

- **Nur ins vordere Maschenglied arbeiten** Mit der Häkelnadel von unten durch die Mitte des Vs nach oben stechen, um das vordere Glied der Masche aufzunehmen. Dann die Masche wie gewohnt fertigstellen.
- **Nur ins hintere Maschenglied arbeiten** Mit der Häkelnadel von oben durch die Mitte des Vs stechen und sie unter dem hinteren Maschenglied hindurch nach hinten hinausführen, dann die Masche wie gewohnt fertigstellen.

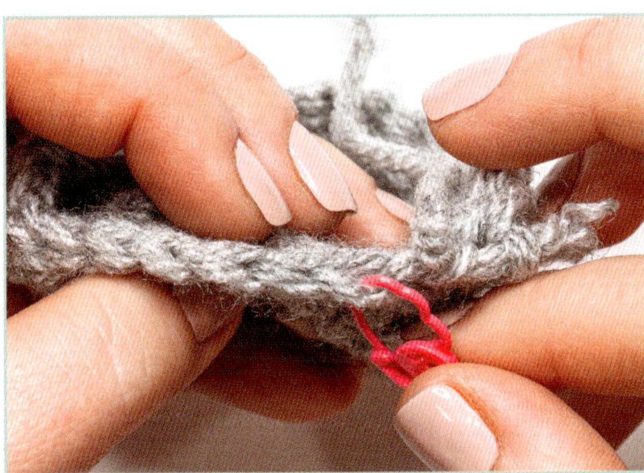

Der Maschenmarkierer umfasst das vordere Maschenglied.

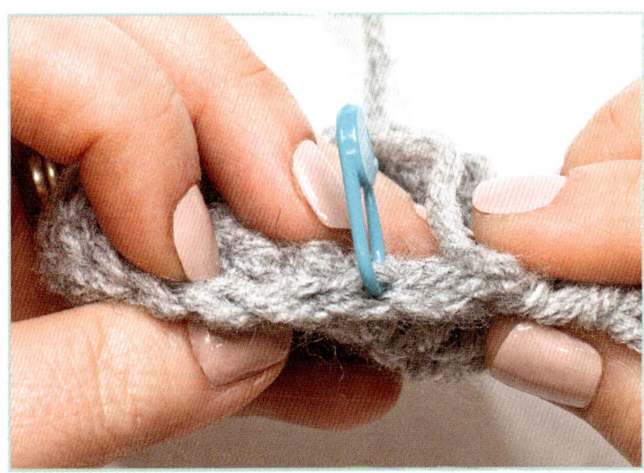

Der Maschenmarkierer umfasst das hintere Maschenglied.

Die Farbe

Mit dem letzten Umschlag einer Masche zu einer anderen Garnfarbe / einem neuen Garn wechseln

Beginnen Sie die letzte Masche vor dem Farbwechsel wie gewohnt, verwenden Sie jedoch für den letzten Umschlag der Masche die neue Garnfarbe. Wenn Sie also feste Maschen häkeln, stechen Sie mit der Häkelnadel in die vorgesehene Masche und ziehen den Faden in der alten Garnfarbe durch die Masche. Dann machen Sie einen Umschlag mit dem Faden der neuen Garnfarbe und ziehen diesen durch beide Schlingen auf der Nadel, um die Masche zu beenden. Unten zeige ich Ihnen am Beispiel einer festen Masche, wie Sie zu einer anderen Garnfarbe – oder zu einem anderen Garn – wechseln.

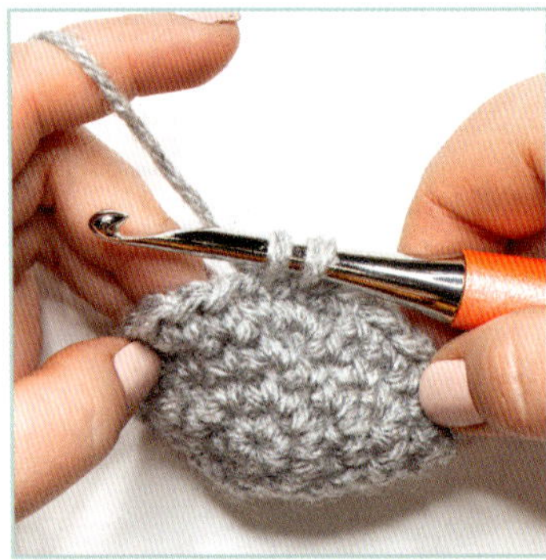

1 Mit der Häkelnadel in die vorgesehene Masche stechen. Einen Umschlag machen und den Faden durch die Masche ziehen.

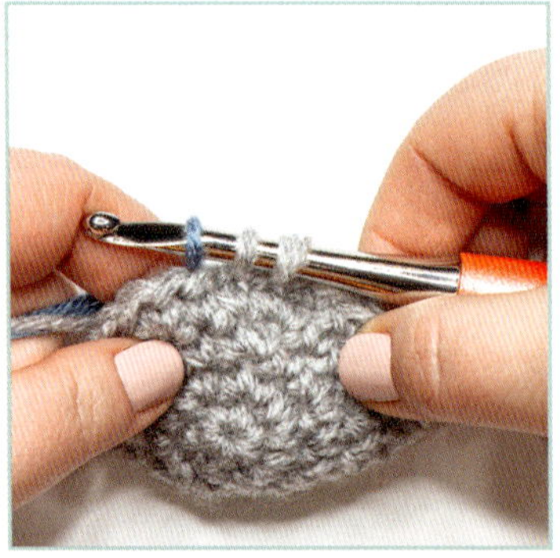

2 Den Faden der alten Garnfarbe fallen lassen und einen Umschlag mit dem Faden der neuen Garnfarbe machen.

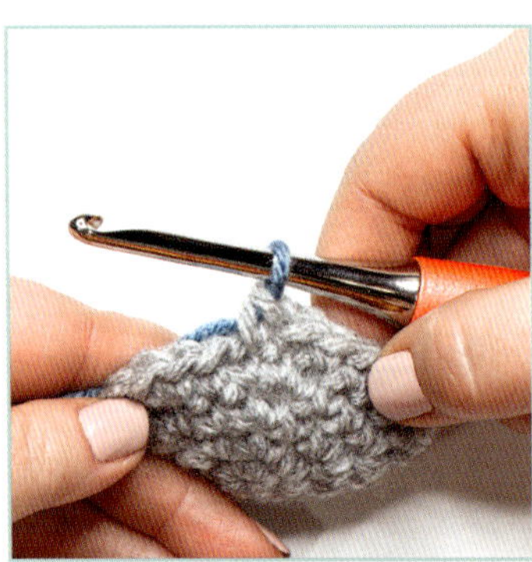

3 Den Faden der neuen Garnfarbe durch beide Schlingen auf der Häkelnadel ziehen. Die Masche ist fertig.

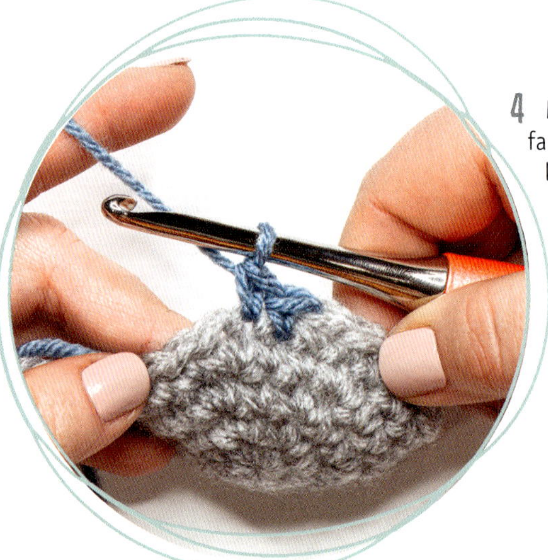

4 Mit der neuen Garnfarbe wie in der Anleitung angegeben weiterhäkeln.

Die Häkelarbeit beenden

Um die Häkelarbeit zu beenden, das Garn abschneiden und dabei ein 15–20 cm langes Fadenende übrig lassen – wenn in der Anleitung so angegeben, auch ein längeres Fadenende. An der Schlinge der letzten Masche ziehen, um so das entstandene Fadenende durch die Masche zu ziehen. Dann am Fadenende festziehen.

Offene Kanten mit überwendlichen Stichen zusammennähen

Das nach dem Beenden der Häkelarbeit verbleibende Fadenende in eine Wollnadel fädeln. Die Kanten der Häkelarbeit aufeinanderlegen, dabei die Maschen bündig ausrichten. Die Nadel von unter nach oben durch die beiden übereinanderliegenden Maschenglieder führen. Bei der ersten Masche starten und von rechts nach links arbeiten. Den Faden dabei durch die Maschen ziehen und festziehen. Diesen Prozess wiederholen, bis die Kanten vollständig vernäht sind, dabei immer in die gleiche Richtung durch die Maschen stechen.

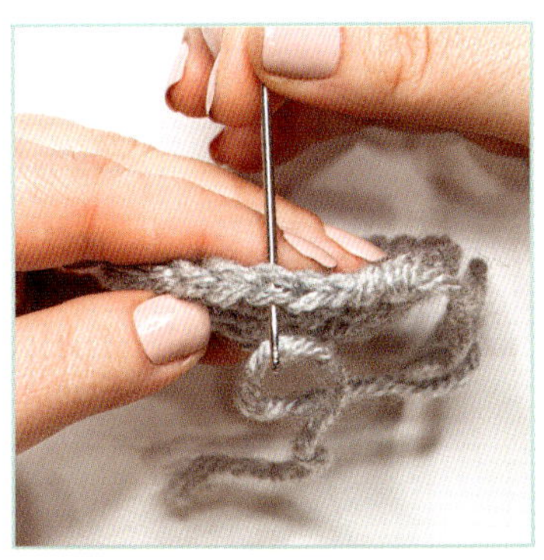

1 Das Fadenende in eine Wollnadel fädeln. Eine Masche überspringen und mit der Wollnadel von vorne nach hinten durch die nächste Masche stechen.

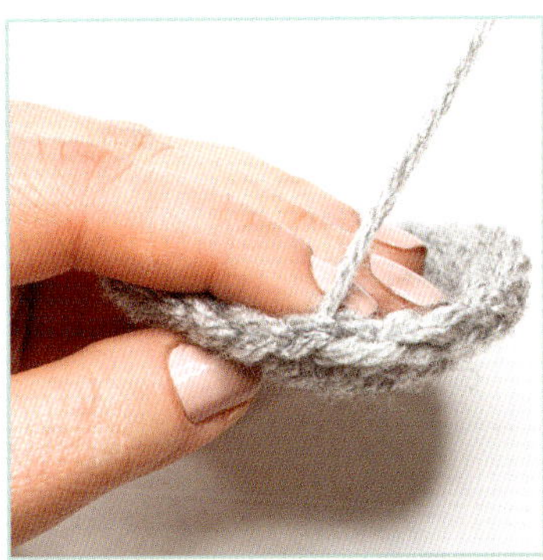

2 Das Fadenende durch die Masche ziehen.

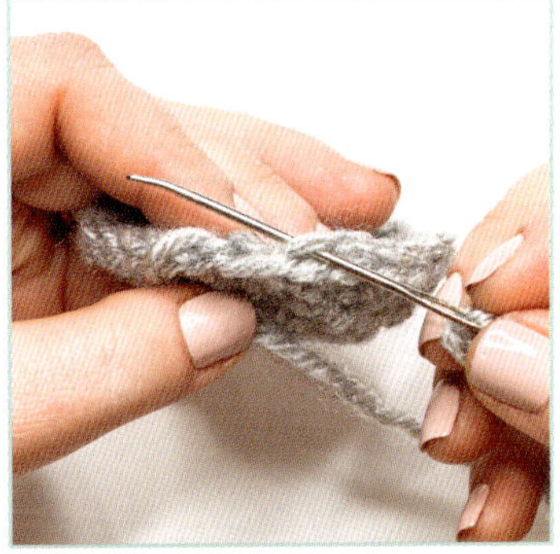

3 Mit der Nadel nun zurück zu der zuletzt gehäkelten Masche gehen und durch das hintere Maschenglied von oben nach unten einstechen.

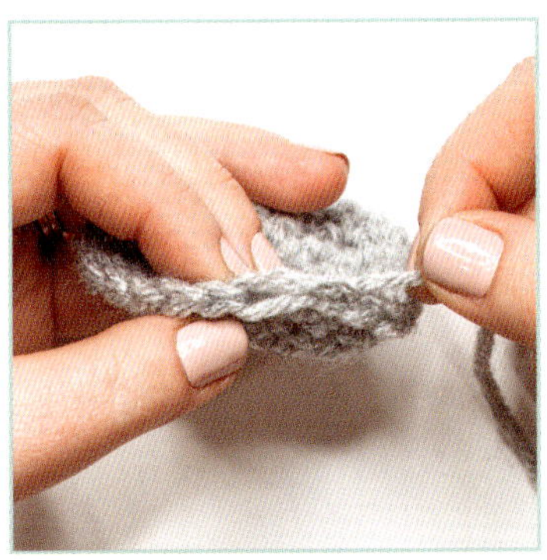

4 Den Faden durchziehen. Den Faden abschließend auf die Rückseite der Häkelarbeit ziehen.

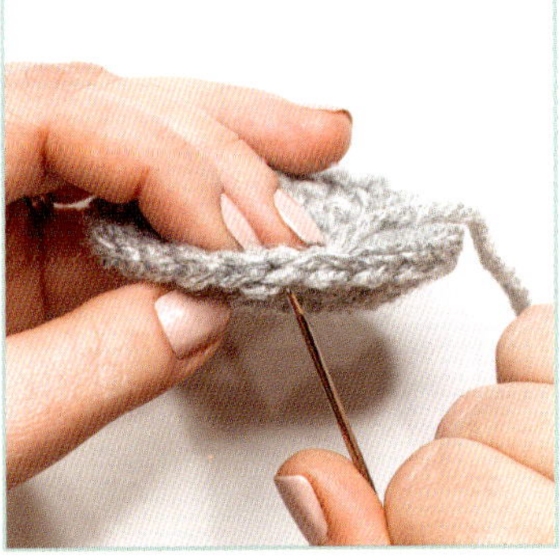

5 Den Faden festziehen, bis sich das Garn glatt über die übersprungene Masche legt.

Der unsichtbare Rundenabschluss

Bei dieser Technik wird mit dem losen Fadenende die Oberseite einer Masche nachgebildet, häufig die erste Masche der Runde. So lässt sich bei einer in Spiralrunden gehäkelten Arbeit der Übergang zwischen der ersten und letzten Masche optisch kaschieren.

Beenden Sie Ihre Häkelarbeit und lassen Sie ein 13–15 cm langes Fadenende überstehen – oder auch länger, wenn in der Anleitung so angegeben.

Die Maschenprobe

Beim Häkeln mit Fellgarn soll ein relativ dichtes Gewebe entstehen, das möglichst kleine Löcher hat. Die Fellfasern sollten diese kleinen Löcher bedecken, damit das Füllmaterial nicht durchblitzt oder herausgezogen werden kann. Sollte das Füllmaterial dennoch sichtbar sein, können Sie versuchen, das Projekt noch einmal mit einer dünneren Häkelnadel zu häkeln. Wenn Sie dagegen feststellen, dass Sie die Maschen während des Häkelns nicht ertasten können, probieren Sie es stattdessen mit einer dickeren Häkelnadel. Passen Sie die Stärke der Häkelnadel so an, dass Sie die Oberseiten Ihrer Maschen gut ertasten können, ohne dass zu große Löcher im Gewebe entstehen, durch die das Füllmaterial sichtbar werden könnte.

Eine Maschenprobe ausmessen bei einer in Runden gehäkelten Arbeit

Um eine Maschenprobe für ein rundes Projekt anzufertigen, legen Sie die runde Häkelprobe auf einen harten, flachen Untergrund und messen Sie mit einem Lineal oder einem Maßband auf Höhe der breitesten Stelle. Beim Anfertigen einer Maschenprobe mit Fellgarn werden die Fellfasern der Wolle nicht mitgemessen – messen Sie nur bis zu den Oberkanten der Maschen. Legen Sie die Häkelprobe dafür auf einen flachen Untergrund und ertasten Sie mit den Fingern unter den Fellfasern auf beiden Seiten der Probe die Oberkanten der Maschen. Sie können diese auch mit Stecknadeln markieren. Messen Sie zwischen diesen beiden Punkten.

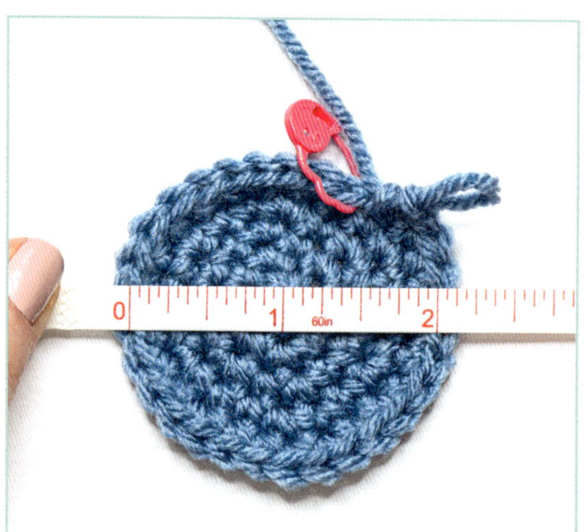

Eine Maschenprobe ausmessen bei einer Häkelarbeit aus glattem Garn.

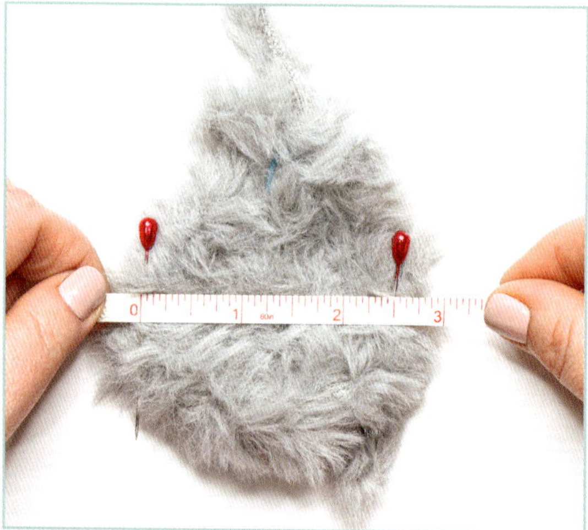

Eine Maschenprobe ausmessen bei einer Häkelarbeit aus Fellgarn.

Wenn das Maß mit dem in der Anleitung angegebenen Maß übereinstimmt, haben Sie die erforderliche Maschengröße erfüllt und können mit der Arbeit am Projekt beginnen. Stimmt das Maß nicht überein und in der Anleitung ist vermerkt, dass die Maschenprobe für das Projekt ausschlaggebend ist, müssen Sie entsprechende Anpassungen vornehmen.

Eine Maschenprobe ausmessen bei einer in Reihen gehäkelten Arbeit

Fertigen Sie Ihre Maschenprobe wie in der Anleitung angegeben an und legen Sie sie auf eine harte, flache Unterlage. Legen Sie ein Maßband oder ein Lineal mittig auf die Probe. Zählen Sie die Anzahl der Maschen in Ihrer Maschenprobe und vergleichen Sie sie diese mit den Angaben in der Anleitung, Wenn zum Beispiel unter der Maschenprobe „8 M × 9 Reihen = 10 cm" angegeben ist, zählen Sie in Ihrer eigenen Maschenprobe die Anzahl der Maschen auf einer Länge von 10 cm. Anschließend zählen Sie die Anzahl der Reihen ebenfalls auf 10 cm.

Wenn die Anzahl der Maschen und Reihen in der Maschenprobe mit der Angabe in der Anleitung übereinstimmt, können Sie die Arbeit am Projekt beginnen. Sollte die Anzahl nicht übereinstimmen, sind Anpassungen notwendig.

Die Anpassung der Maschengröße

Sie können die Stärke Ihrer Häkelnadel anpassen: Verwenden Sie eine größere Größe, wenn Ihre Maschenanzahl höher ist als angegeben, und verwenden Sie eine kleinere Größe, wenn Ihre Maschenanzahl niedriger ist als angegeben. Indem Sie mehr oder weniger Spannung auf Ihren Arbeitsfaden geben, können Sie die Maschengröße ebenfalls beeinflussen.

Wann ist die Maschenprobe wichtig beim Häkeln von Amigurumi?

Die Projekte, die ausschließlich aus Fellgarn bestehen, gelingen auch dann, wenn die Maschenprobe nicht mit den Angaben in der Anleitung übereinstimmt. Die abweichende Maschengröße hat Auswirkungen auf die Größe des fertigen Plüschtiers und die Menge des benötigten Garns, das Plüschtier wird ansonsten jedoch aussehen, wie in der Anleitung gezeigt. Stellen Sie nur sicher, dass die Maschengröße während der gesamten Arbeit am Projekt konstant bleibt.

Bei Projekten, für die sowohl Fellgarn als auch glattes Garn der Stärke „Aran" verwendet wird, spielt die Maschenprobe dagegen eine größere Rolle. Im Falle dieser Projekte müssen die Maße der Maschenprobe eingehalten werden, damit die Einzelteile richtig zusammenpassen und nicht zu groß oder zu klein sind. Sie sollten sich daher die Zeit nehmen, um für beide Garnarten eine Maschenprobe anzufertigen.

Alle Anleitungen in diesem Buch enthalten eine Anmerkung, ob es für das Gelingen des Projekts notwendig ist, die Maße der Maschenprobe einzuhalten oder nicht, sowie eine Erinnerung daran, die Maschengröße zu überprüfen, um sicherzugehen, dass Sie auf dem richtigen Weg sind.

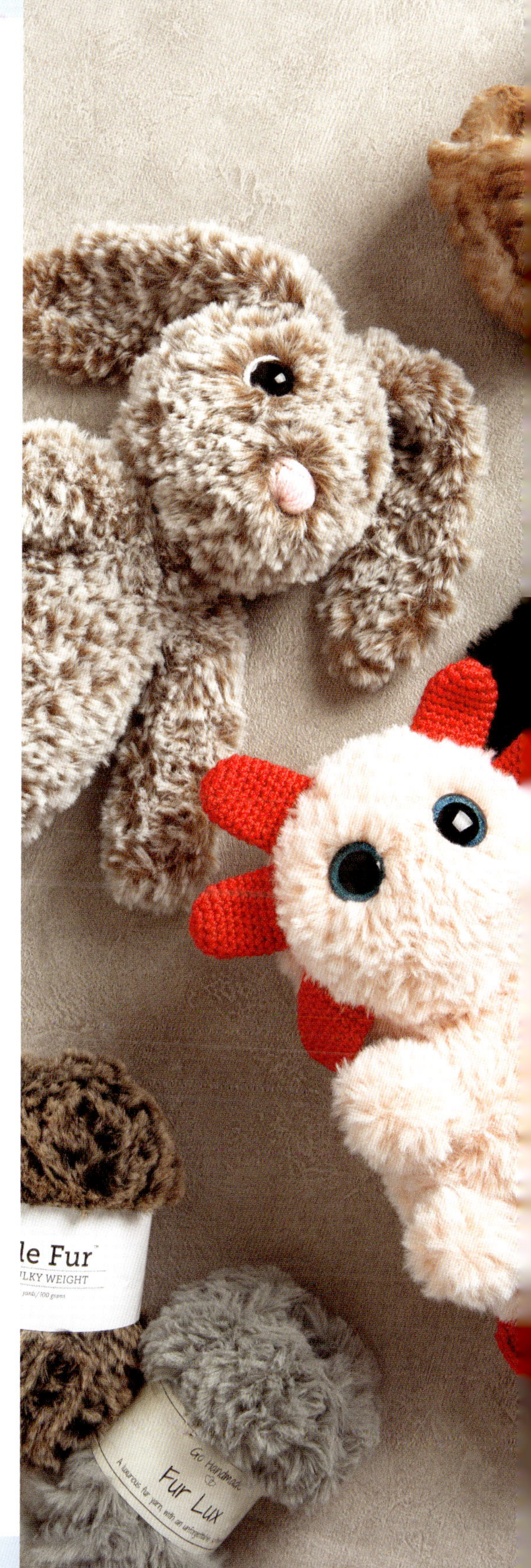

Die Fertigstellung

Sicherheitsaugen befestigen

Zum Befestigen von Sicherheitsaugen den Stiel an der Rückseite des Auges durch die angegebene Masche stecken. Die Verschlussscheibe auf der Rückseite des Gewebes von hinten auf das Auge setzen und zum Verschließen fest zusammendrücken.

Plüschtiere ausstopfen

Durch das Ausstopfen bekommen die Plüschtiere ihre Form und erwachen so richtig zum Leben, und wenn Sie bei diesem Schritt wissen, worauf Sie achten sollten, macht das einen enormen Unterschied für das Endergebnis. Ich habe in den Anleitungen vermerkt, wann Sie mit dem Ausstopfen beginnen sollten. Bei den meisten Projekten – sofern nicht anders angegeben – sollten Sie Ihr Plüschtier während des Häkelns nach und nach mit kleinen Portionen der Füllwatte füllen. Hier sind ein paar Tipps zum Ausstopfen:

- Ziehen Sie die Fasern der Füllwatte vor dem Stopfen mit den Fingern etwas auseinander.
- Das Plüschtier während des Häkelns nach und nach zu füllen, führt zu einem gleichmäßigeren Ergebnis – warten Sie damit nicht bis zum Schluss.
- Tasten Sie beim Ausstopfen nach Hohlräumen oder Löchern in der Füllung. Wenn Sie Lücken finden, füllen Sie diese mit mehr Füllwatte, und setzen Sie Ihre Suche fort.
- Bringen Sie das Plüschtier während des Ausstopfens mit den Händen sanft in Form, indem Sie die Füllwatte gleichmäßig verteilen.
- Achten Sie darauf, nicht zu viel Füllwatte zu verwenden. Fellgarne sind sehr viel dankbarer beim Ausstopfen als normale Garne, da sie etwas dehnbar sind. Achten Sie jedoch darauf, das Gewebe nicht so sehr zu dehnen, dass die Füllwatte durchblitzt. Ist die Füllwatte durch das Gewebe sichtbar, sind entweder die Löcher zu groß und Sie sollten eine dünnere Häkelnadel benutzen oder Sie haben zu viel Füllwatte verwendet. Mit der richtigen Menge Füllwatte sollte sich das Plüschtier beim sanften Zusammendrücken anfühlen wie eine feste Orange.

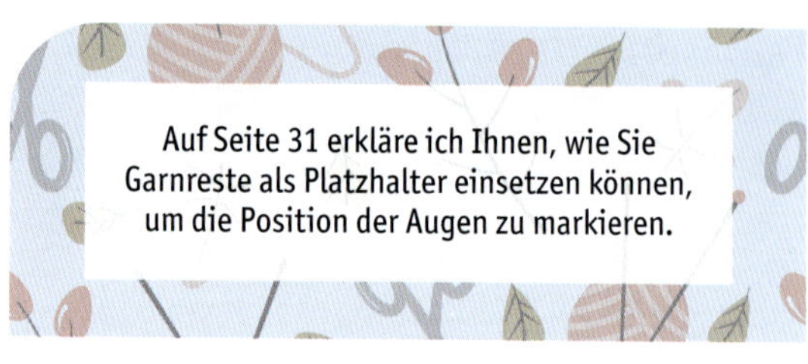

Auf Seite 31 erkläre ich Ihnen, wie Sie Garnreste als Platzhalter einsetzen können, um die Position der Augen zu markieren.

Die Füllwatte fällt mit der Zeit zusammen, daher sollten Sie sich die Zeit nehmen, Ihr Plüschtier gründlich auszustopfen.
Sie werden vielleicht überrascht sein, wie viel Füllwatte Sie tatsächlich benötigen!

Lose Fadenenden an den ausgestopften Amigurumi vernähen

Um lose Fadenenden zu vernähen, machen Sie möglichst nah am Plüschtier einen Knoten in das Fadenende und fädeln Sie es auf eine Wollnadel. Stechen Sie die Nadel durch ein Loch in einer der Maschen des Plüschtiers und führen Sie die Nadel einmal durch das Innere des Spielzeugs hindurch. Ziehen Sie am Faden, bis der Knoten im Spielzeug verschwindet. Machen Sie erneut einen Knoten und wiederholen Sie diesen Vorgang ein paar Mal. Zum Schluss ziehen Sie sanft am Fadenende und schneiden es mit einer scharfen Schere nah am Plüschtier ab.

Die Einzelteile zusammennähen

Die Arbeit mit Fellgarn macht Perfektionismus überflüssig. Ihre Nähkünste können noch so fragwürdig sein und trotzdem wird Ihr Plüschtier fantastisch aussehen. Bei den meisten Projekten in diesem Buch werden die Einzelteile mithilfe eines losen Fadenendes und mit überwendlichen Stichen am Plüschtier befestigt (siehe Seite 23).

Wenn aus glattem Garn gehäkelte Einzelteile an Teile aus Fellgarn genäht werden, kann es passieren, dass die Fellfasern entlang der Naht einen Wulst bilden. Ich empfehle, die Fasern mit der Spitze einer Wollnadel oder einer Bürste mit Metallborsten aufzulockern. Das verleiht dem Plüschtier einen zusätzlichen Schliff, lässt die Naht unauffälliger erscheinen und gibt dem Ganzen ein natürlicheres Aussehen.

Fellfasern ausbürsten

Um das Beste aus Ihrem Plüschtier herauszuholen, empfehle ich, eine Tierbürste mit Metallborsten zu verwenden. Wenn es fertig gehäkelt ist, bürsten Sie das Fell des Plüschtiers vorsichtig aus, so entsteht ein gleichmäßig flauschiges Aussehen.

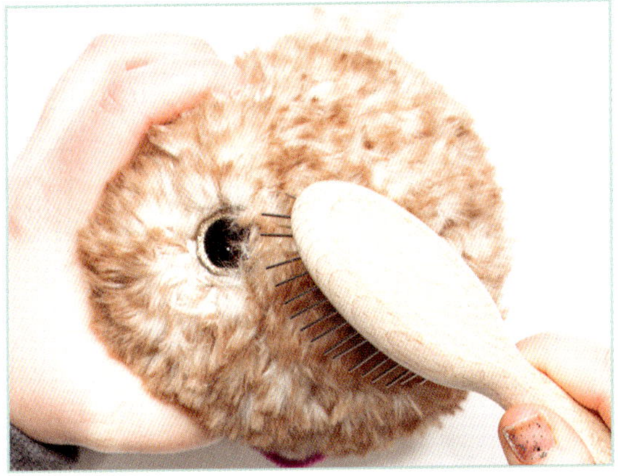

Führen Sie Ihre Bürste in kleinen, vorsichtigen Bewegungen hin und her, um die Fellfasern aufzulockern und ihnen mehr Volumen zu verleihen.

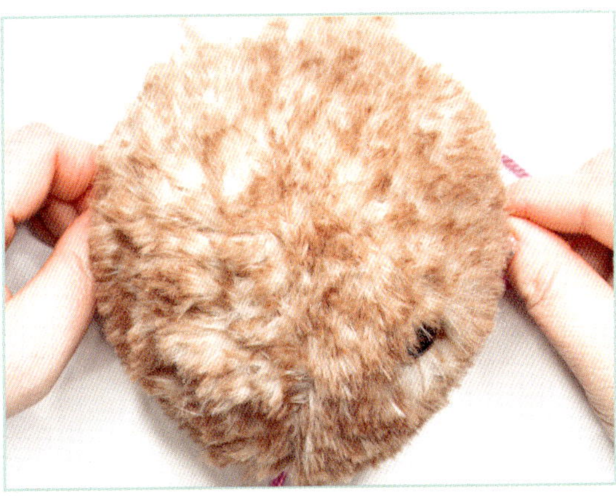

Die linke Seite des Plüschtiers auf diesem Bild ist ungebürstet, die rechte ist gebürstet. Der Unterschied ist enorm!

Fellfasern zurückschneiden

Es kann bei manchen Projekten vorkommen, dass die Fellfasern die Augen oder die Nase etwas bedecken. Das lässt sich durch Zurückschneiden der Fasern schnell beheben. Schneiden Sie mit einer scharfen Schere vorsichtig die Fellfasern zurück, die im Weg sind. Schneiden Sie immer nur ein paar Fasern auf einmal ab und überprüfen Sie das Ergebnis nach jedem Schnitt, um sicherzugehen, dass Sie nicht zu viel abschneiden. Verwenden Sie hierfür möglichst keine Schere mit gerundeter Spitze, da Sie sonst nicht nah genug am Auge ansetzen und präzise Schnitte machen können.

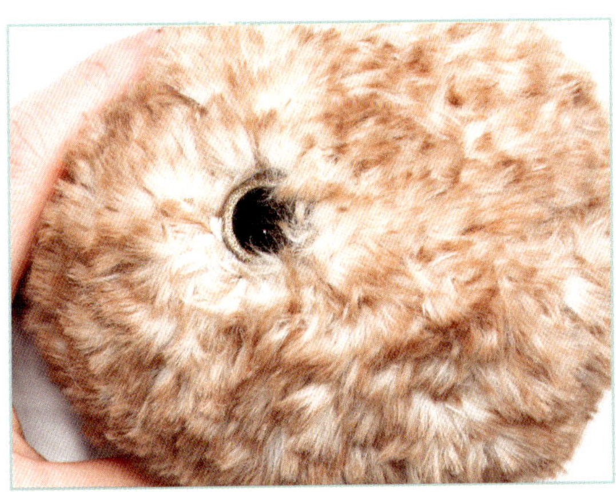

Plüschtier vor dem Bürsten und Zurückschneiden der Fellfasern rund um das Auge.

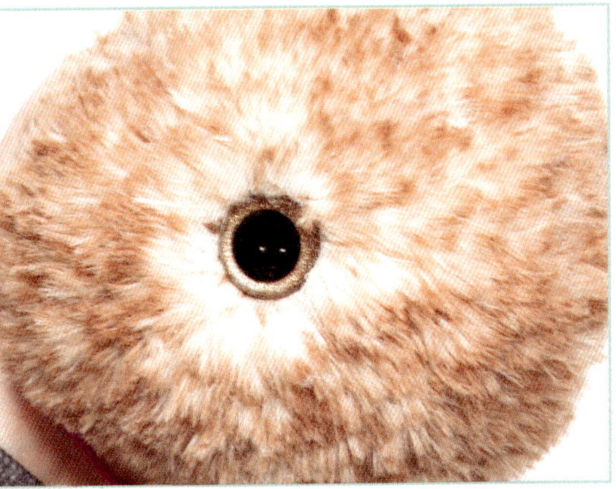

Plüschtier nach dem Bürsten und Zurückschneiden der Fellfasern rund um das Auge.

Stickerei

Stickereien an den Augen lassen die Plüschtiere noch etwas lebendiger wirken. Bei einigen Projekten ist eine der zwei Stickvarianten vorgegeben, zögern Sie jedoch nicht, beide Varianten für alle Plüschtiere auszuprobieren.

Variante 1: über dem Auge

1 Ein Stück weißes Garn auf die in der Anleitung vorgegebene Länge zuschneiden, in eine Wollnadel fädeln und die losen Enden mit einem Überhandknoten verknoten.

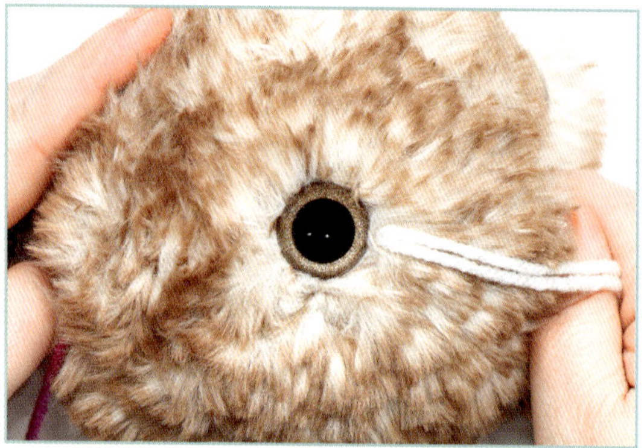

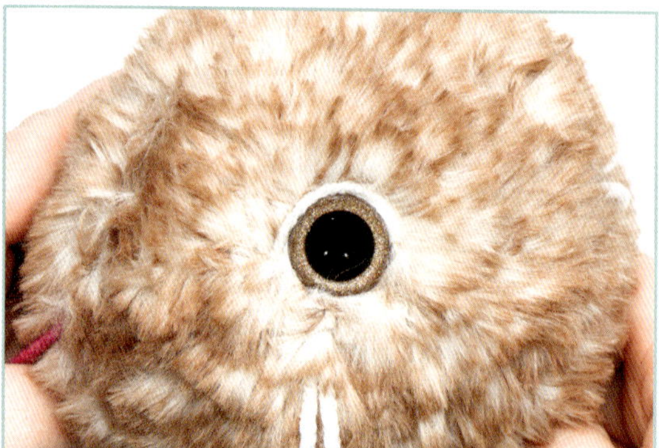

2 Mit der Nadel in eine Masche an der Seite oder Rückseite des Kopfes stechen, die Nadel durch das Innere des Kopfes stechen und mittig an einer Seite des Auges wieder hinausführen (siehe oben). Am Faden ziehen bis der Knoten an der Seite bzw. der Rückseite des Kopfs durch das Gewebe gerutscht ist und sich im Füllmaterial festgesetzt hat.

3 Das Garn oberhalb des Auges drapieren und mit der Nadel mittig an der gegenüberliegenden Seite des Auges einstechen, dann die Nadel durch eine beliebige Masche am Kopf wieder hinausführen.

4 Das Garn vorsichtig festziehen, sodass es sich glatt um das Sicherheitsauge legt (siehe oben).

5 Mit der Nadel zurück in die gleiche Masche stechen, durch die der Faden hinausgeführt wurde, und die Nadel durch das Innere des Kopfes mittig an einer Seite des zweiten Auges wieder hinausführen.

6 Die Schritte 3 und 4 am zweiten Auge wiederholen und danach die losen Enden vernähen (siehe „Lose Fadenenden an den ausgestopften Amigurumi vernähen“ auf Seite 26).

Variante 2: neben dem Auge

1 Ein Stück weißes Garn auf die in der Anleitung vorgegebene Länge zuschneiden, in eine Wollnadel fädeln und die losen Enden mit einem Überhandknoten verknoten.

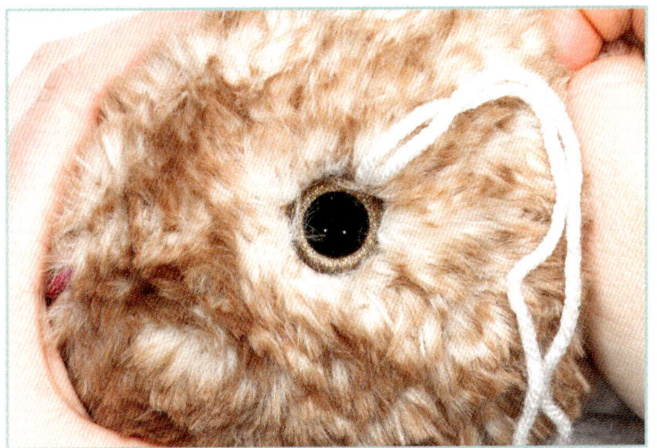

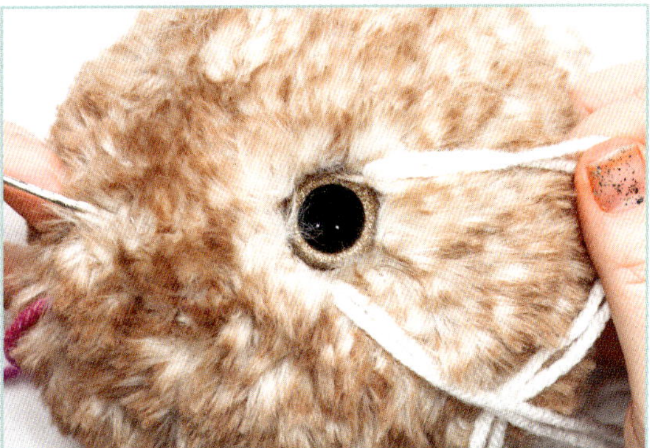

2 Mit der Nadel in eine Masche an der Seite oder Rückseite des Kopfes stechen, die Nadel durch das Innere des Kopfes stechen und mittig oberhalb des Auges wieder hinausführen (siehe oben).

3 Das Garn entlang des äußeren Randes des Auges drapieren und mit der Nadel mittig unterhalb des Auges einstechen, dann die Nadel durch eine beliebige Masche am Kopf wieder hinausführen (siehe oben).

4 Das Garn vorsichtig festziehen, sodass es sich glatt um den seitlichen Rand des Sicherheitsauges legt (siehe unten).

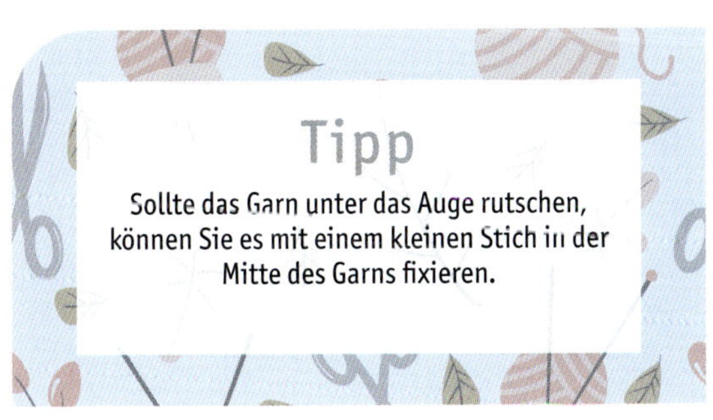

Tipp

Sollte das Garn unter das Auge rutschen, können Sie es mit einem kleinen Stich in der Mitte des Garns fixieren.

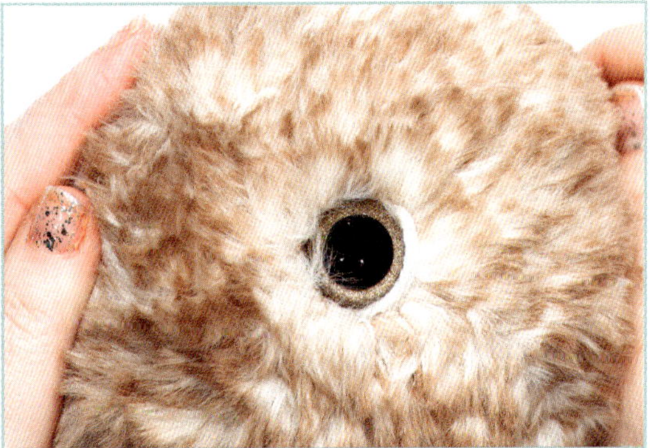

5 Mit der Nadel zurück in die gleiche Masche stechen, durch die der Faden hinausgeführt wurde, und die Nadel durch das Innere des Kopfes mittig oberhalb des zweiten Auges wieder hinausführen.

6 Die Schritte 3 und 4 am zweiten Auge wiederholen und danach die losen Enden vernähen (siehe „Lose Fadenenden an den ausgestopften Amigurumi vernähen" auf Seite 26).

Tipps und Tricks für die Arbeit mit Fellgarn

Die Maschen ertasten

Die Fellfasern des Kunstfellgarns machen es fast unmöglich, die einzelnen Maschen zu erkennen. Das bedeutet jedoch nicht, dass die Arbeit mit Fellgarn unmöglich ist. Durch das Ertasten der Maschen lässt sich die Nadel beim Häkeln an der richtigen Stelle platzieren. Wenn Sie die Oberseite der letzten Reihe/Runde zwischen Daumen und Zeigefinger nehmen, sollten Sie in der Lage sein, die oberen Maschenglieder der Masche und die darunterliegende Lücke zu ertasten. An dieser Stelle stechen Sie mit der Nadel zum Häkeln der nächsten Masche ein. Ziel ist es, dass die Maschen gerade groß genug sind, dass sie sich mit den Fingern ertasten lassen, denn das Gewebe dehnt sich auch noch leicht. Sind die Maschen zu groß, kann es passieren, dass später die Füllung durchblitzt.

Die Nadelstärke anpassen

Beim Häkeln eines Amigurumi-Projekts soll grundsätzliche ein dichtes Gewebe entstehen, die Fellfasern des Garns kaschieren allerdings auch die Löcher eines etwas lockereren Gewebes. Wenn Sie Probleme beim Ertasten der Maschen haben, probieren Sie es mit einer ein oder zwei Nummern größeren Nadel, bis Sie die einzelnen Maschen besser ertasten können. Sollten Sie die Maße einer Maschenprobe einhalten müssen oder ein dichteres Gewebe vorziehen, können Sie wieder zu einer kleineren Nadelstärke wechseln, sobald Sie sich an das Ertasten der Maschen gewöhnt haben.

Einen Maschenmarkierer als Hilfsmittel einsetzen

Der Maschenmarkierer ist Ihr bester Freund! Verwenden Sie Maschenmarkierer, um bei Häkelarbeiten, die in Runden gearbeitet werden, die erste Masche der Runde zu markieren. Markieren Sie bei Häkelarbeiten, die in Reihen gearbeitet werden, sowohl die erste als auch die letzte Masche der Reihe, um sicherzugehen, dass Sie keine Maschen überspringen oder unbeabsichtigt hinzufügen. Ganz zu Anfang kann es sogar hilfreich sein, in jeder Masche der Runde einen Maschenmarkierer zu platzieren – das mag mühsam erscheinen, aber wenn es Ihnen hilft, ist es die Mühe wert. Es gibt hier nicht richtig oder falsch – machen Sie es so, wie es für Sie am besten funktioniert.

Fortlaufende Markierungsfäden zum Kennzeichnen der Reihen / Runden einsetzen

Fortlaufende Markierungsfäden sind wahre Lebensretter und kommen ergänzend zu verschließbaren Maschenmarkierern zum Einsatz. Ein Markierungsfaden ist im Grunde ein langes Stück Garn in einer Kontrastfarbe, das in die erste Masche jeder Reihe/Runde eingehäkelt wird, um die Reihe/Runde zu markieren. Verwenden Sie hierfür kein Fellgarn, sondern glattes Garn.

Einen fortlaufenden Markierungsfaden einsetzen

- Einen Faden zurechtschneiden, der etwa anderthalbmal so lang ist wie das fertige Plüschtier hoch werden soll.
- Nach Vollenden der letzten Masche der ersten Runde den Markierungsfaden über die Oberseite der ersten Masche der ersten Runde legen, dabei ein paar Zentimeter des Fadens auf der Ihnen zugewandten Seite überstehen lassen, damit er nicht herausrutscht, und das längere Ende auf der Ihnen abgewandten Seite der Arbeit platzieren.
- Die erste Masche der nächsten Runde häkeln, dabei den Markierungsfaden etwas zur Seite schieben, um ihn nicht einzuhäkeln. Er muss

beweglich bleiben, damit er später wieder entfernt werden kann. Die Runde beenden.

- Vor dem Häkeln der ersten Masche der nächsten Runde den Markierungsfaden zum Körper hin über die Oberseite der ersten Masche der vorherigen Runde legen. Die nächste Runde häkeln.
- Den Markierungsfaden zu Anfang jeder neuen Runde des Projekts immer wieder von einer zur anderen Seite legen. Wenn Sie eine Runde wieder aufmachen müssen, lässt sich so die erste Masche der vorherigen Runde einfach identifizieren, und wenn Sie mal nicht mehr wissen, in welcher Runde Sie sich gerade befinden, können Sie mithilfe des Markierungsfadens die Anzahl der Runden bestimmen.
- Wenn das Projekt fertig ist, einfach so lange am Ende des Markierungsfadens ziehen, bis er sich vollständig aus dem Projekt gelöst hat.

Garnreste als Platzhalter für Sicherheitsaugen einsetzen

Wenn es an das Einsetzen der Sicherheitsaugen geht, steht in den Anleitungen zum Beispiel „Sicherheitsaugen in Runde 4 mit 5 Maschen Abstand anbringen". Sie können die Sicherheitsaugen allerdings nicht direkt einsetzen, da Ihnen die Verschlüsse an der Rückseite sonst beim Häkeln der nächsten Maschen im Weg wären. Die Lösung: ein Stück Garn. Schneiden Sie ein langes Stück Garn zu und platzieren Sie ein Ende in der ersten Masche und das andere Ende in der zweiten Masche, in der die Sicherheitsaugen fixiert werden sollen. Später können Sie die Sicherheitsaugen dann in den markierten Maschen anbringen und den Garnrest wieder entfernen.

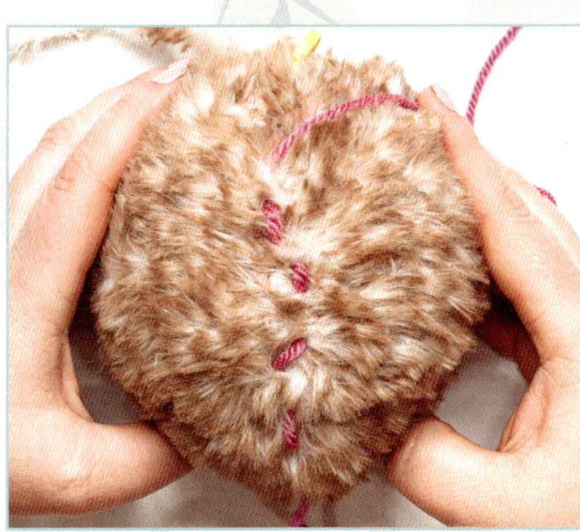

Auf diesem Bild sehen Sie, wie ein fortlaufender Markierungsfaden eingesetzt werden kann, um die einzelnen Runden zu kennzeichnen.

Maschen während des Häkelns mitzählen

Zählen Sie Ihre Maschen während des Häkelns im Kopf mit, um den Überblick zu behalten. Sollten Sie den Überblick über die Zählung verlieren, zählen Sie die bereits gehäkelten Maschen, indem Sie die Oberseiten mit den Fingern ertasten, um sicherzugehen, dass die Anzahl der Maschen stimmt, bevor Sie die nächste Runde beginnen.

Keine Angst vor der linken Seite

Wählen Sie als „rechte Seite" die flauschigere Seite der Häkelarbeit. Das Gleiche gilt auch für Einzelteile, die angenäht werden. In den meisten Fällen ist die flauschigere Seite die, die traditionell als „linke Seite" des Projekts angesehen wird. Sie können sich nicht entscheiden? Nehmen Sie die Seite, die den besten ersten Eindruck macht, und sorgen Sie später mit einer Bürste mit Metallborsten für das flauschige Aussehen.

Auf einfache Maschen beschränken

Sollten Sie eines der Projekte etwas anpassen oder sogar ein eigenes Projekt entwerfen wollen, halten Sie sich dabei an einfache Häkelmaschen. Beschränken Sie sich auf Grundlagen, wie feste Maschen, halbe Stäbchen sowie das ein oder andere Stäbchen, da aufwendigere Maschen ohnehin durch die Fellfasern bedeckt sein werden.

Fellgarn mit glattem Garn kombinieren

Bei Projekten, für die eine Maschenprobe nicht ausschlaggebend ist, können Sie zum Fellgarn auch noch ein glattes Garn der Stärke „Aran" hinzunehmen und mit zwei Fäden gleichzeitig häkeln. Dieser zweite Faden kann das Ertasten der Maschen zu erleichtern. Das beeinflusst jedoch die Größe des Plüschtiers und es kann passieren, dass der zweite Faden hier und da sichtbar bleibt.

Projekte

Unter diesen zwölf Amigurumi-Projekten finden Sie eine Auswahl verschiedener Größen und Schwierigkeitsstufen. Kleinere Plüschtiere sind die perfekten Begleiter für unterwegs, während die größeren so richtig zum Knuddeln einladen. Aber ganz unabhängig von der Größe: Kinder (und Erwachsene!) werden diese kuschelweichen und flauschigen Amigurumi-Freunde lieben.

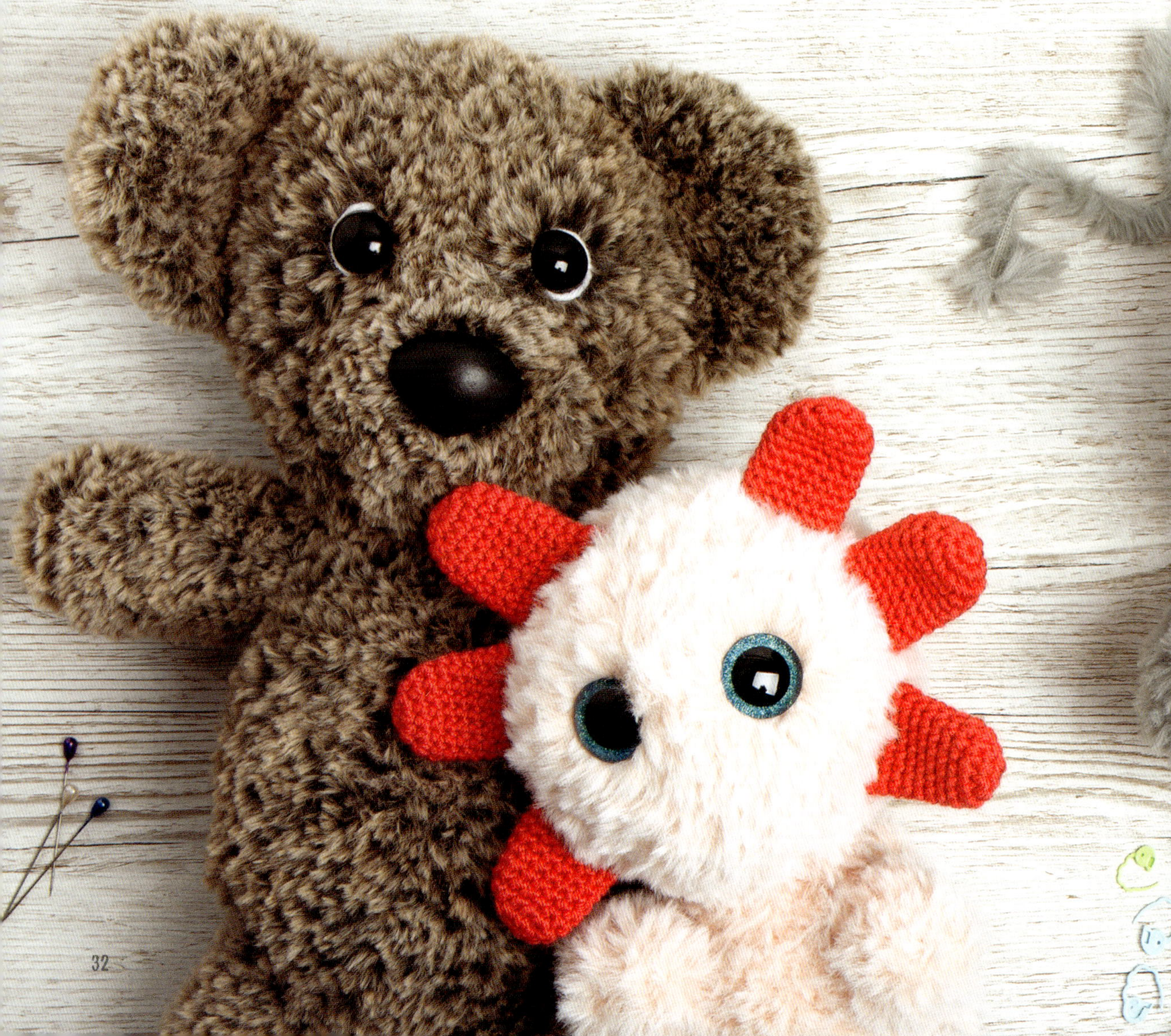

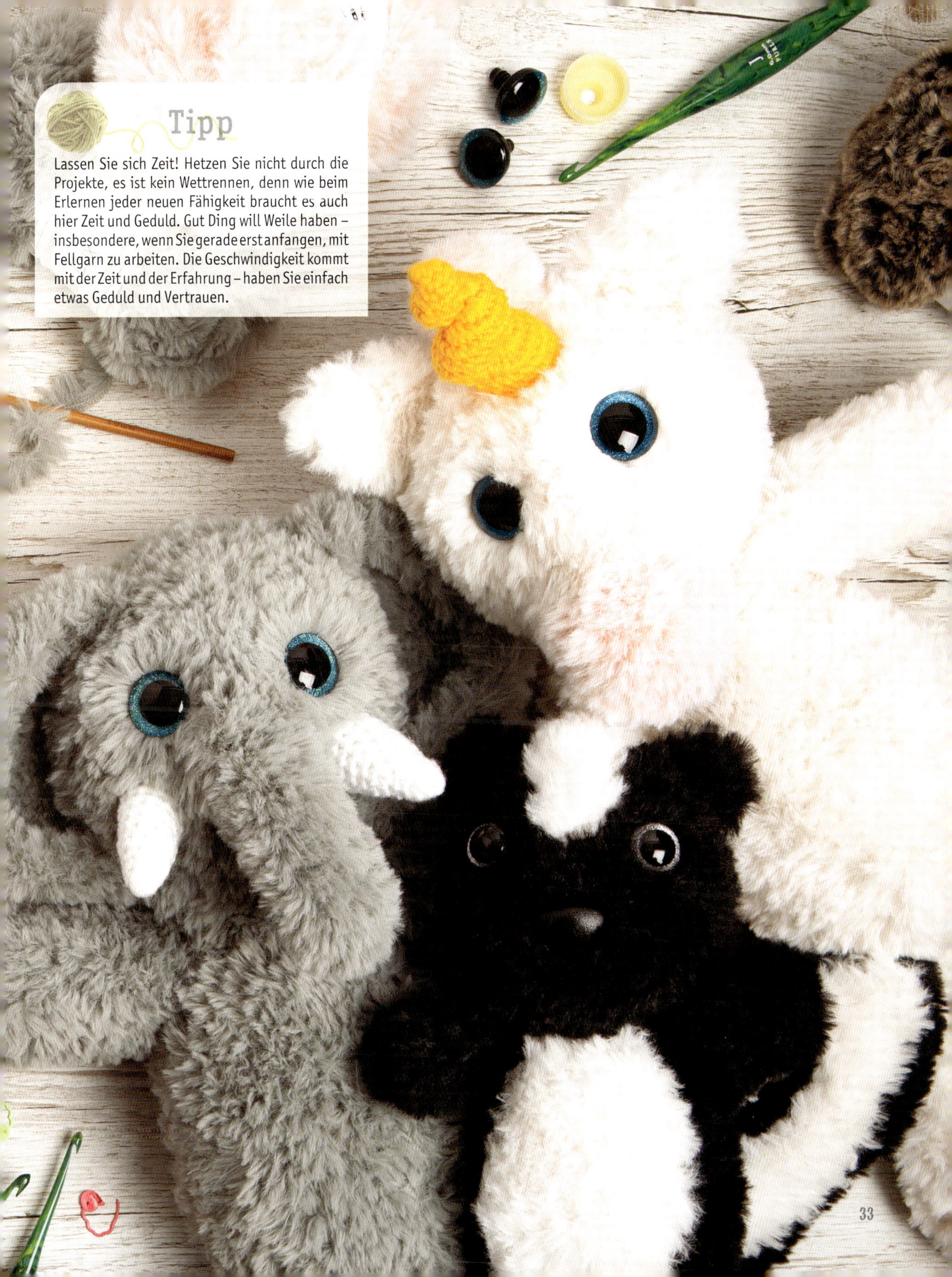

Tipp

Lassen Sie sich Zeit! Hetzen Sie nicht durch die Projekte, es ist kein Wettrennen, denn wie beim Erlernen jeder neuen Fähigkeit braucht es auch hier Zeit und Geduld. Gut Ding will Weile haben – insbesondere, wenn Sie gerade erst anfangen, mit Fellgarn zu arbeiten. Die Geschwindigkeit kommt mit der Zeit und der Erfahrung – haben Sie einfach etwas Geduld und Vertrauen.

Sherman Schaf

Sherman Schaf ist so putzig, dass das Schäfchenzählen auf einmal zur neuen Lieblingsbeschäftigung wird. Sherman ist ein tolles Projekt für Anfänger, die zum ersten Mal mit Fellgarn häkeln, da die Maße der Maschenprobe hier nicht unbedingt eingehalten werden müssen. Wir beginnen mit dem Häkeln des Körpers, gefolgt von den Beinen. Der Kopf und die Ohren werden als separate Einzelteile gehäkelt und dann an den Körper genäht.

Schwierigkeit:

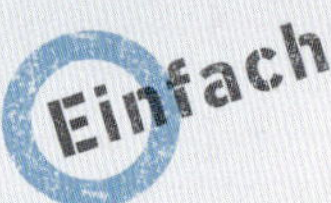

Größe

Etwa 19 cm hoch

Maschenprobe

Maschenprobe mit Fellgarn:
Runden 1–6 des Körpers = 12 cm Durchmesser

Material

- 6 mm Häkelnadel
- Lion Brand Go For Faux (100 % Polyester, Stärke „Super Chunky“, 100 g, 60 m):
  - 1 Knäuel (etwa 32 m), Baked Alaska (Farbe A)
  - 1 Knäuel (etwa 26 m), Black Panther (Farbe B)
- Lion Brand Basic Stitch (100 % Acryl, Stärke „Aran“, 100 g, 170 m):
  - 1 Knäuel (etwa 1 m), White (Farbe C)
- zwei schwarze Sicherheitsaugen mit 16 mm Durchmesser
- Füllwatte
- Wollnadel
- Schere
- Maschenmarkierer

(Zu den Garnen siehe Hinweis auf S. 12.)

Anmerkungen

- Dieses Projekt gelingt auch dann, wenn die Maße der Maschenprobe nicht eingehalten werden. Die Abweichung kann jedoch Auswirkungen auf die Menge des benötigten Garns und die Größe des fertigen Plüschtiers haben.
- Der Körper, der Kopf und die Beine werden in Spiralrunden gearbeitet. Die erste Masche der Runde wird mit einem Maschenmarkierer gekennzeichnet, der zu Beginn jeder neuen Runde versetzt wird. Die Enden der Runden nicht zusätzlich mithilfe einer Kettmasche verbinden.
- Die Ohren werden in Reihen gearbeitet.

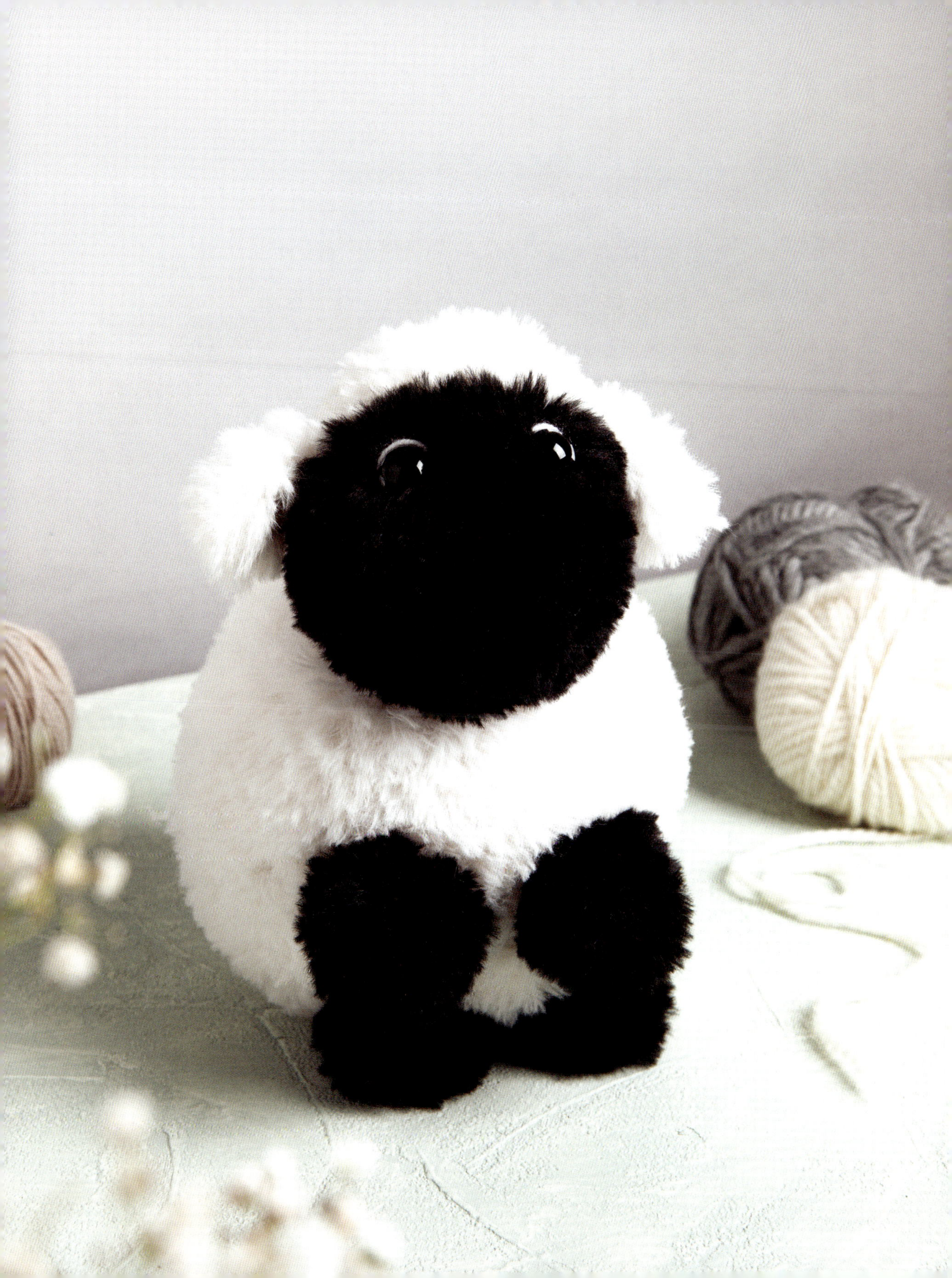

Anleitung

Der Körper

Runde 1: mit Garn A einen Fr machen und 6 fM in den Fr häkeln (6 M).
Runde 2: (fM zun) sechsmal (12 M).
Runde 3: (fM, fM zun) sechsmal (18 M).
Runde 4: fM, fM zun, (2 fM, fM zun) fünfmal, fM (24 M).
Runde 5: (3 fM, fM zun) sechsmal (30 M).
Runde 6: 2 fM, fM zun, (4 fM, fM zun) fünfmal, 2 fM (36 M).
Maschenprobe: Die Arbeit sollte jetzt einen Durchmesser von 12 cm haben.
Runden 7–14: fM in jede M der Vorrunde (36 M).
Runde 15: 2 fM, fM abn, (4 fM, fM abn) fünfmal, 2 fM (30 M).
Runde 16: (3 fM, fM abn) sechsmal (24 M). Mit dem Ausstopfen beginnen. Während des Häkelns nach und nach mehr Füllwatte hinzufügen. Fest ausstopfen.
Runde 17: fM, fM abn, (2 fM, fM abn) fünfmal, fM (18 M).
Runde 18: (fM, fM abn) sechsmal (12 M).
Runde 19: (fM abn) sechsmal (6 M).
Die Häkelarbeit beenden und ein 15–20 cm langes Fadenende übrig lassen. Mit dem Fadenende das Loch zunähen. Die Fadenenden vernähen. Für später zur Seite legen.

Die Beine (viermal häkeln)

Runde 1: mit Garn B einen Fr machen und 6 fM in den Fr häkeln (6 M).
Runde 2: (fM zun, 2 fM) zweimal (8 M).
Runden 3 und 4: fM in jede M der Vorrunde (8 M).
Die Häkelarbeit beenden und ein langes Fadenende zum Annähen übrig lassen.
Für später zur Seite legen.

Der Kopf

Runde 1: mit Garn B einen Fr machen und 6 fM in den Fr häkeln (6 M).
Runde 2: (fM zun) sechsmal (12 M).
Runde 3: (fM, fM zun) sechsmal (18 M).
Runde 4: (5 fM, fM zun) dreimal (21 M).
Runden 5–8: fM in jede M der Vorrunde (21 M). Die Sicherheitsaugen in Runde 7 mit 3 M Abstand anbringen (siehe „Garnreste als Platzhalter für Sicherheitsaugen einsetzen" auf Seite 31).
Zu Garn A wechseln.
Runde 9: fM in jede M der Vorrunde (21 M). Mit dem Ausstopfen beginnen. Während des Häkelns nach und nach mehr Füllwatte hinzufügen. Fest ausstopfen.
Runde 10: (5 fM, fM abn) dreimal (18 M).
Runde 11: fM in jede M (18 M).
Runde 12: (fM, fM abn) sechsmal (12 M).
Runde 13: (fM abn) sechsmal (6 M).
Die Häkelarbeit beenden und ein langes Fadenende zum Annähen übrig lassen.
Für später zur Seite legen.

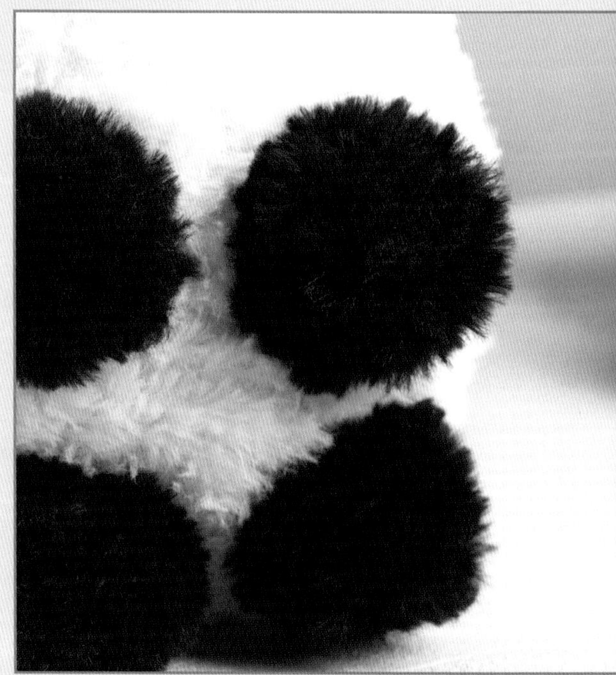

Die Ohren (zweimal häkeln)

In Reihen von unten nach oben arbeiten.
Reihe 1: mit Garn A einen Fr machen und 3 fM in den Fr häkeln (3 M).
Reihen 2–4: 1 Lm und wenden. fM in jede M der Reihe (3 M).
Die Häkelarbeit beenden und ein langes Fadenende zum Annähen übrig lassen.
Für später zur Seite legen.

Zusammennähen

1. Den Kopf mit dem Fadenende an den Körper nähen.
2. Die Beine einzeln ausstopfen und mit den Fadenenden unten an den Körper nähen.
3. Die Ohren am Übergang zwischen weißem und schwarzem Fell am Kopf anlegen und mit den Fadenenden jeweils ein Ohr an einer Seite des Kopfes annähen, dabei durch die Oberseite des Ohres arbeiten.
4. Die Fadenenden vernähen.

Fertigstellen

Einen etwa 50 cm langen Faden aus Garn C zuschneiden und auf eine Wollnadel fädeln. Die Augen mit einem weißen Detail versehen, dazu die Anweisungen auf Seite 28 zur Variante 1 der Augen-Stickerei befolgen. Beenden und die Fadenenden vernähen.

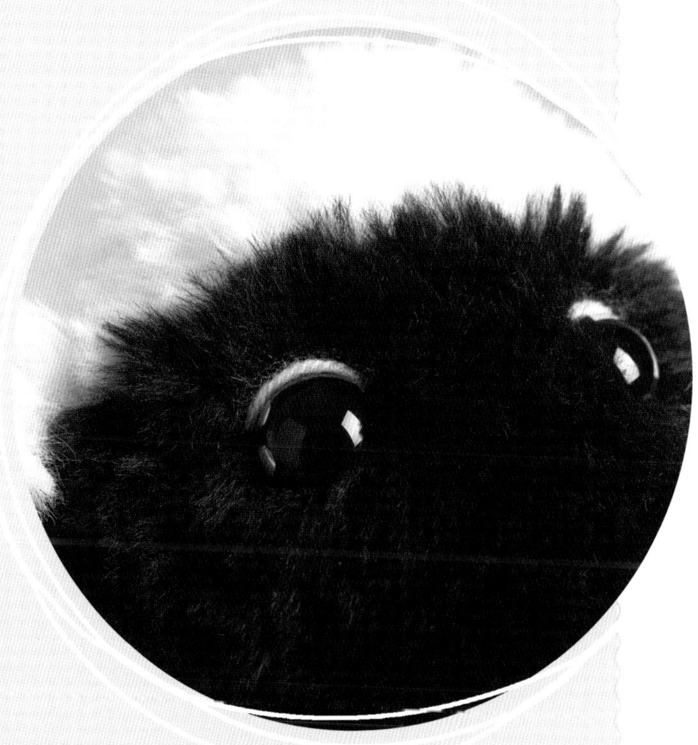

Bobbi Bär

Bobbi Bär ist der ideale Kuschelbär für Kinder. Bobbi ist das perfekte Projekt für Fellgarn-Novizen, da bei diesem Projekt weder ein Farbwechsel gemacht noch die Maße der Maschenprobe eingehalten werden müssen, um ein schönes Ergebnis zu erhalten. Bobbis Kopf und Körper werden an einem Stück gehäkelt, Arme, Beine, Schwanz, Ohren und Schnauze werden dann separat gearbeitet und an den Kopf und den Körper angenäht.

Schwierigkeit:

Größe

Etwa 44,5 cm hoch

Maschenprobe

Maschenprobe mit Fellgarn: Runden 1–5 von Kopf und Körper = 10 cm Durchmesser

Material

- 5,5 mm Häkelnadel
- WeCrochet Fable Fur (100 % Polyester, Stärke „Super Chunky", 100 g, 65 m):
  - 3 Knäuel (etwa 183 m), Falke (Farbe A)
- WeCrochet Brava Worsted (100 % Premium Acryl, Stärke „Aran", 100 g, 199 m):
  - 1 Knäuel (etwa 1 m), White (Farbe B)
- zwei schwarze Sicherheitsaugen mit 18 mm Durchmesser
- schwarze Sicherheitsnase mit 40 mm Durchmesser
- Füllwatte
- Wollnadel
- Schere
- Maschenmarkierer

(Zu den Garnen siehe Hinweis auf S. 12.)

Anmerkungen

- Zum Gelingen dieses Projekts ist es nicht notwendig, die Maße der Maschenprobe einzuhalten, allerdings hat dies Auswirkungen auf die Menge des benötigten Garns und die Größe des fertigen Plüschtiers.
- Alle Teile dieses Projekts werden in Spiralrunden gearbeitet. Die erste Masche der Runde wird mit einem Maschenmarkierer gekennzeichnet, der zu Beginn jeder neuen Runde versetzt wird. Die Enden der Runden nicht zusätzlich mithilfe einer Kettmasche verbinden.

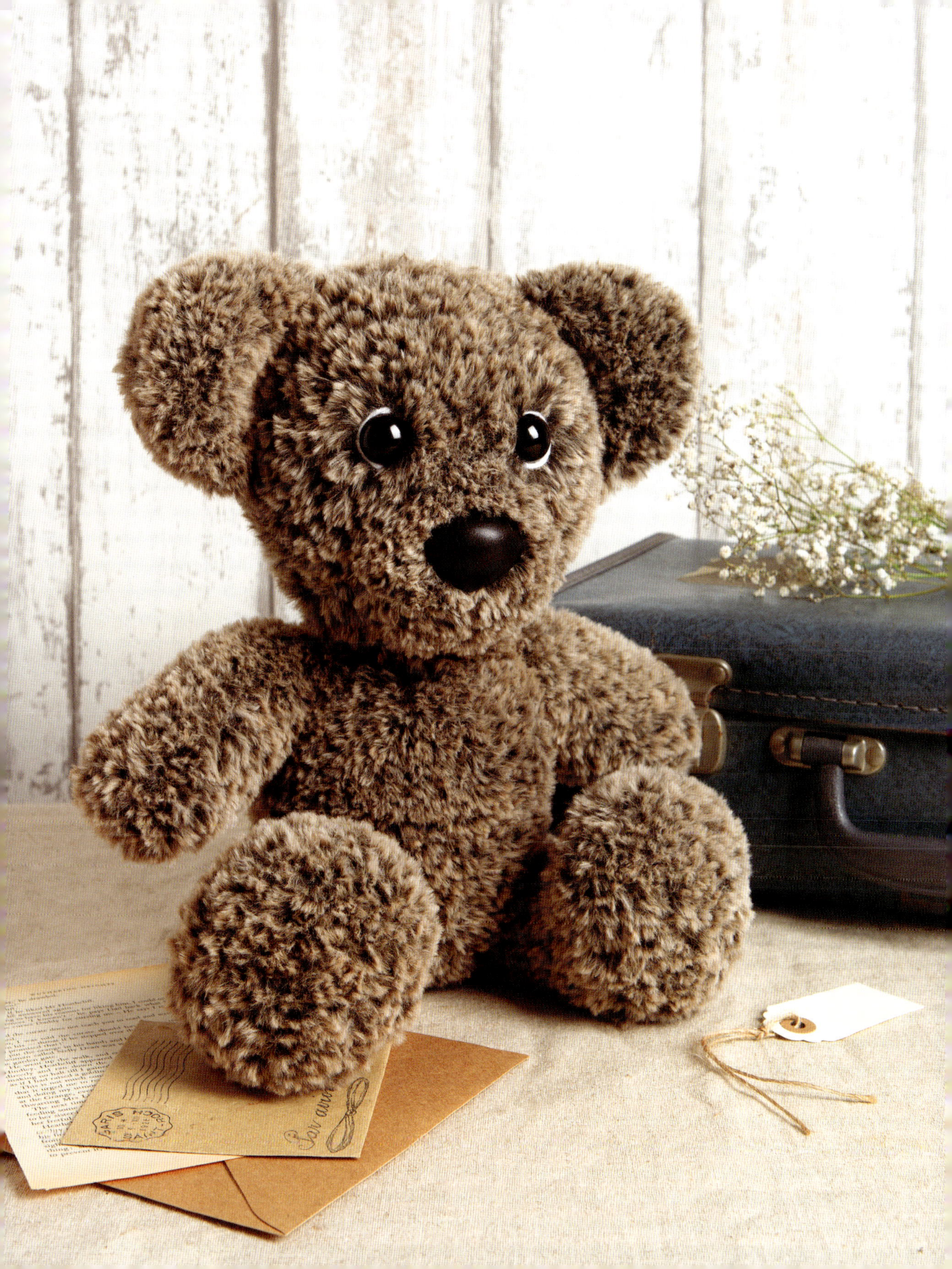

Anleitung

Der Kopf und der Körper

Runde 1: mit Garn A einen Fr machen und 6 fM in den Fr häkeln (6 M).
Runde 2: (fM zun) sechsmal (12 M).
Runde 3: (fM, fM zun) sechsmal (18 M).
Runde 4: fM, fM zun, (2 fM, fM zun) fünfmal, fM (24 M).
Runde 5: (3 fM, fM zun) sechsmal (30 M).
Maschenprobe: Die Arbeit sollte jetzt einen Durchmesser von 10 cm haben.
Runden 6–13: fM in jede M der Vorrunde (30 M).
Augen in Runde 8 mit 4 M Abstand anbringen (siehe „Garnreste als Platzhalter für Sicherheitsaugen einsetzen“ auf Seite 31).
Runde 14: (3 fM, fM abn) sechsmal (24 M).
Runde 15: fM, fM abn, (2 fM, fM abn) fünfmal, fM (18 M). Mit dem Ausstopfen beginnen. Während des Häkelns nach und nach mehr Füllwatte hinzufügen. Fest ausstopfen.
Runde 16: (fM, fM abn) sechsmal (12 M).
Runden 17 und 18: fM in jede M der Vorrunde (12 M).
Runde 19: (fM, fM zun) sechsmal (18 M).
Runde 20: fM in jede M der Vorrunde (18 M).
Runde 21: fM, fM zun, (2 fM, fM zun) fünfmal, fM (24 M).
Runden 22–32: fM in jede M der Vorrunde (24 M).
Runde 33: fM, fM abn, (2 fM, fM abn) fünfmal, fM (18 M).
Runde 34: (fM, fM abn) sechsmal (12 M).
Runde 35: (fM abn) sechsmal (6 M).
Die Häkelarbeit beenden und ein 15–20 cm langes Fadenende übrig lassen. Mit dem Fadenende das Loch zunähen. Die Fadenenden vernähen. Für später zur Seite legen.

Die Arme (zweimal häkeln)

Runde 1: mit Garn A einen Fr machen und 6 fM in den Fr häkeln (6 M).
Runde 2: (fM zun) sechsmal (12 M).
Runden 3–13: fM in jede M der Vorrunde (12 M). Mit dem Ausstopfen beginnen. Während des Häkelns nach und nach mehr Füllwatte hinzufügen. Fest ausstopfen.
Die Häkelarbeit beenden und ein Fadenende übrig lassen, das lang genug ist, um damit den Arm zu verschließen und an den Körper zu nähen. Den Arm mit überwendlichen Stichen verschließen, das restliche Fadenende zum Annähen überstehen lassen und für später zur Seite legen.

Die Beine (zweimal häkeln)

Runde 1: mit Garn A einen Fr machen und 6 fM in den Fr häkeln (6 M).
Runde 2: (fM zun) sechsmal (12 M).
Runde 3: (fM, fM zun) sechsmal (18 M).
Runde 4: fM, fM zun, (2 fM, fM zun) fünfmal, fM (24 M).
Runden 5 und 6: fM in jede M der Vorrunde (24 M).
Runde 7: (fM abn) sechsmal, 12 fM (18 M).
Runde 8: (fM abn) dreimal, 12 fM (15 M). Mit dem Ausstopfen beginnen. Während des Häkelns nach und nach mehr Füllwatte hinzufügen. Fest ausstopfen.
Runde 9: (fM abn) dreimal, 9 fM (12 M).
Runden 10–18: fM in jede M der Vorrunde (12 M).
Die Häkelarbeit beenden und ein Fadenende übrig lassen, das lang genug ist, um damit das Bein zu verschließen und an den Körper zu nähen. Das Bein mit überwendlichen Stichen verschließen, das restliche Fadenende zum Annähen überstehen lassen und für später zur Seite legen.

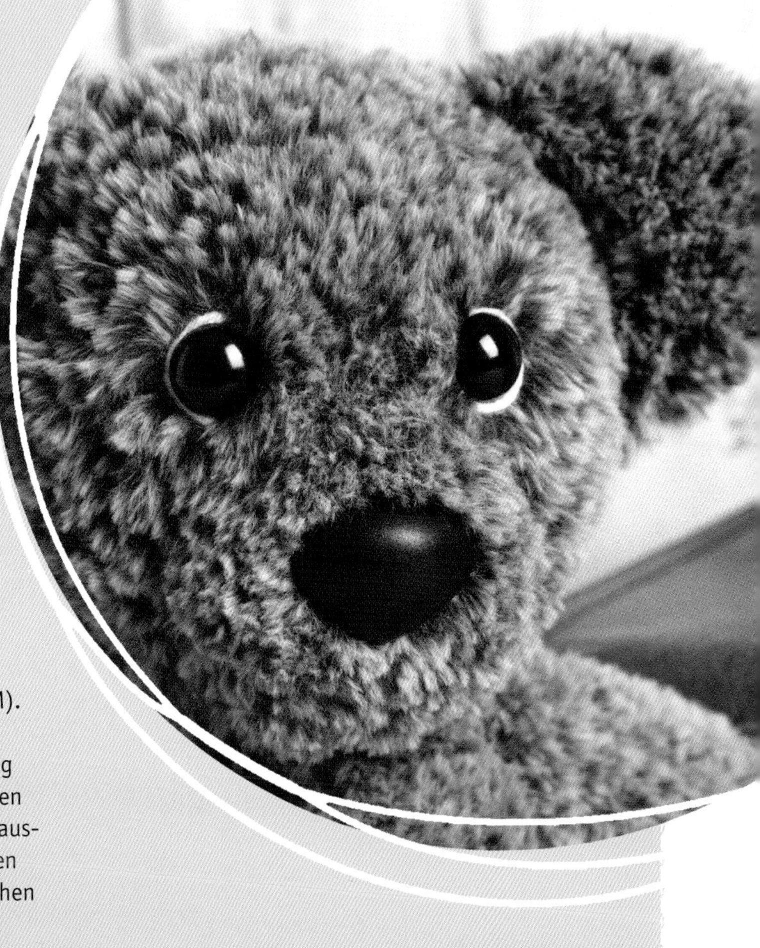

Die Ohren (zweimal häkeln)

Runde 1: mit Garn A einen Fr machen und 6 fM in den Fr häkeln (6 M).
Runde 2: (fM zun) sechsmal (12 M).
Runde 3: (fM, fM zun) sechsmal (18 M).
Runden 4–10: fM in jede M der Vorrunde (18 M).
Die Häkelarbeit beenden und ein Fadenende übrig lassen, das lang genug ist, um das Ohr an den Körper zu nähen. Das Ohr glatt streichen. Nicht ausstopfen! Für später zur Seite legen.

Der Schwanz

Runde 1: mit Garn A einen Fr machen und 6 fM in den Fr häkeln (6 M).
Runde 2: (fM zun) sechsmal (12 M).
Runden 3 und 4: fM in jede M der Vorrunde (12 M).
Runde 5: (fM abn) sechsmal (6 M).
Die Häkelarbeit beenden und ein Fadenende übrig lassen, das lang genug ist, um den Schwanz an den Körper zu nähen. Schwanz glatt streichen. Nicht ausstopfen! Den Schwanz mit überwendlichen Stichen verschließen, das restliche Fadenende zum Annähen überstehen lassen und für später zur Seite legen.

Die Schnauze

Runde 1: mit Garn A einen Fr machen und 6 fM in den Fr häkeln (6 M).
Runde 2: (fM zun) sechsmal (12 M). Eine beliebige Masche in Runde 2 mit einem Maschenmarkierer markieren.
Runde 3: (fM, fM zun) sechsmal (18 M).
Runde 4: fM, fM zun, (2 fM, fM zun) fünfmal, fM (24 M).
Runde 5: fM in jede M der Vorrunde (24 M).
Die Häkelarbeit beenden und ein langes Fadenende zum Annähen übrig lassen. Die Sicherheitsnase in der markierten Masche in Runde 2 platzieren. Für später zur Seite legen.

Zusammennähen

1. Die Ohren mit den Fadenenden oben an den Kopf annähen, die Lagen des Ohrs dabei flach aufeinanderlegen und entlang der Öffnung des Ohrs durch beide Lagen nähen.
2. Mit den Fadenenden jeweils einen Arm an den beiden Seiten des Körpers annähen.
3. Die Beine mit den Fadenenden unten an den Körper nähen.
4. Den Bär aufsetzen und den Schwanz so an der Rückseite des Körpers platzieren, dass er den Bär im Sitzen stabilisiert. Den Schwanz mit dem Fadenende an dieser Stelle annähen, dabei den Schwanz flach drücken und durch beide Lagen der Öffnung des Schwanzes nähen.
5. Die Schnauze mit dem Fadenende an den Kopf annähen, dabei die Oberkante der Schnauze an der Unterkante der Augen anlegen und die Schnauze während des Nähens nach und nach ausstopfen. Locker ausstopfen.
6. Die Fadenenden vernähen.

Fertigstellen

Einen etwa 50 cm langen Faden aus Garn B zuschneiden und in eine Wollnadel fädeln. Die Augen mit einem weißen Detail versehen, dazu die Anweisungen auf Seite 29 zur Variante 2 der Augen-Stickerei befolgen. Beenden und die Fadenenden vernähen.

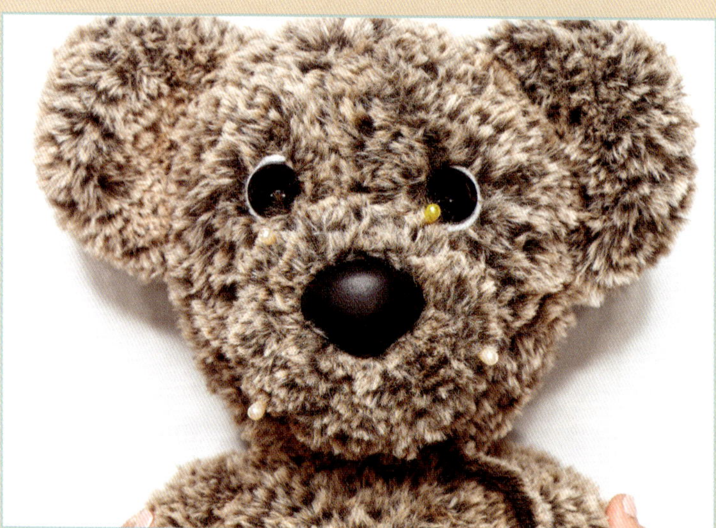

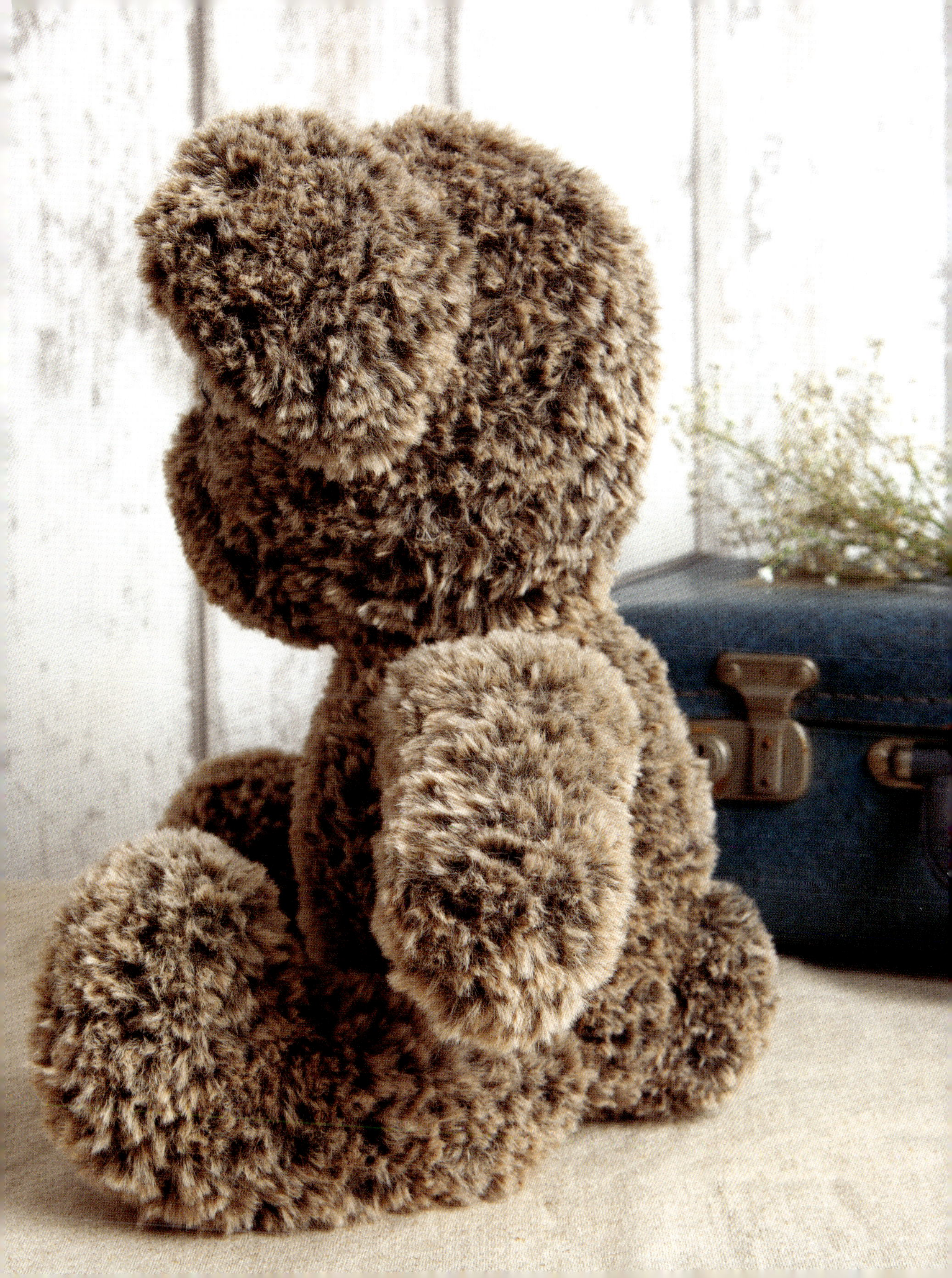

Erwin Elefant

Erwin Elefant ist ein weiteres Plüschtier in perfekter Knuddelgröße. Ich liebe ganz besonders seine großen blauen Augen. Wie bei Bobbi Bär (Seite 38) werden Erwins Kopf und Körper auch in einem Stück gehäkelt, Arme, Beine, Schwanz, Ohren und Rüssel werden dann separat gearbeitet und an den Kopf und den Körper angenäht. Die Maße der Maschenprobe müssen bei diesem Projekt eingehalten werden, damit die Stoßzähne die perfekte Größe bekommen. Wenn es Sie nicht stört, dass sie etwas zu groß oder zu klein geraten, können Sie die Maschenprobe auch außer Acht lassen.

Schwierigkeit: 

Größe

Etwa 44,5 cm hoch

Maschenprobe

- Maschenprobe mit Fellgarn: Runden 1–5 von Kopf und Körper = 10 cm Durchmesser
- Maschenprobe mit Garn der Stärke „Aran" und einer 3,5 mm Häkelnadel (in Spiralrunden gearbeitet) = 3 cm Durchmesser
  Runde 1: einen Fr machen und 6 fM in den Fr häkeln (6 M).
  Runde 2: (fM zun) sechsmal (12 M).
  Runde 3: (fM, fM zun) sechsmal (18 M).

Material

- 3,5 mm Häkelnadel
- 5,5 mm Häkelnadel
- Go Handmade Fur Lux von Hobbii Yarns (100 % Polyester, Stärke „Aran", 50 g, 27 m):
  - 6 Knäuel (etwa 147 m), Light Grey (Farbe A)
- Hobbii Amigo XL (100 % Acryl, Stärke „Aran", 50 g, 100 m):
  - 1 Knäuel (etwa 6 m), White (Farbe B)
- zwei blaue Sicherheitsaugen mit 24 mm Durchmesser
- Füllwatte
- Wollnadel
- Schere
- Maschenmarkierer

(Zu den Garnen siehe Hinweis auf S. 12.)

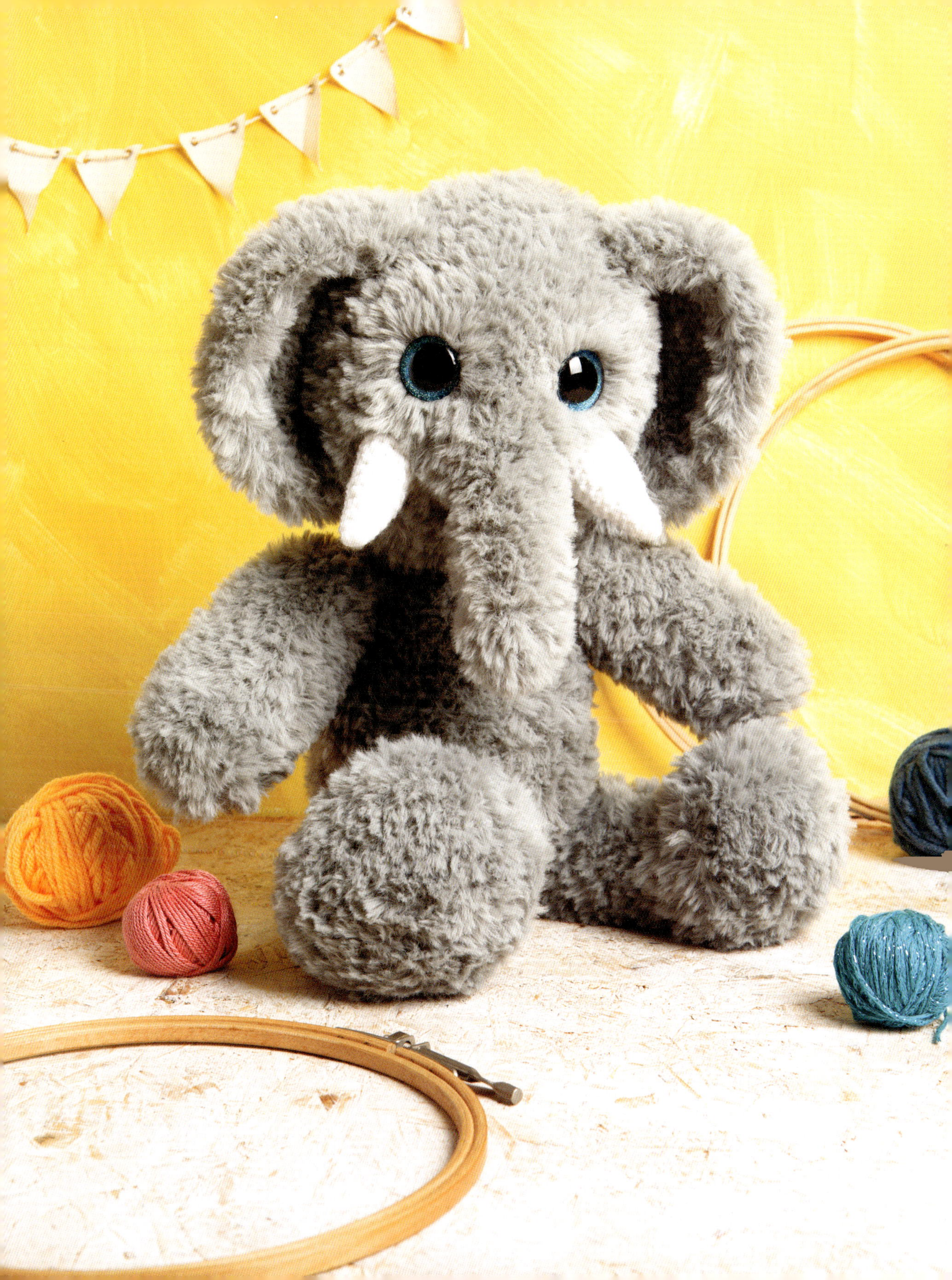

Anmerkungen

- Das für dieses Projekt verwendete Fellgarn ist auf der Verpackung als Stärke „Aran" ausgezeichnet. Allerdings verhält es sich bei der Verarbeitung wie ein Garn der Stärke „Super Chunky".
- Sie können dieses Plüschtier häkeln, ohne die Maße der Maschenprobe einzuhalten, allerdings kann es dann passieren, dass die Stoßzähne nicht die passende Größe haben. Ich empfehle sehr, sich bei diesem Projekt die Zeit für eine Maschenprobe zu nehmen.
- Der Kopf und der Körper, Arme, Beine, Rüssel und Stoßzähne werden in Spiralrunden gearbeitet.
- Die erste Masche der Runde wird mit einem Maschenmarkierer gekennzeichnet, der zu Beginn jeder neuen Runde versetzt wird. Die Enden der Runden nicht zusätzlich mithilfe einer Kettmasche verbinden.
- Schwanz und Ohren werden in Reihen gearbeitet.

Anleitung

Der Kopf und der Körper

Runde 1: mit Garn A und der größeren Häkelnadel einen Fr machen und 6 fM in den Fr häkeln (6 M).
Runde 2: (fM zun) sechsmal (12 M).
Runde 3: (fM, fM zun) sechsmal (18 M).
Runde 4: fM, fM zun, (2 fM, fM zun) fünfmal, fM (24 M).
Runde 5: (3 fM, fM zun) sechsmal (30 M).
Maschenprobe: Die Arbeit sollte jetzt einen Durchmesser von 10 cm haben.
Runden 6–13: fM in jede M der Vorrunde (30 M). Augen in Runde 8 mit 4 M Abstand anbringen (siehe Seite 31).
Runde 14: (3 fM, fM abn) sechsmal (24 M).
Runde 15: fM, fM abn, (2 fM, fM abn) fünfmal, fM (18 M). Mit dem Ausstopfen beginnen. Während des Häkelns nach und nach mehr Füllwatte hinzufügen. Fest ausstopfen.
Runde 16: (fM, fM abn) sechsmal (12 M).
Runden 17 und 18: fM in jede M der Vorrunde (12 M).
Runde 19: (fM, fM zun) sechsmal (18 M).
Runde 20: fM in jede M der Vorrunde (18 M).
Runde 21: fM, fM zun, (2 fM, fM zun) fünfmal, fM (24 M).
Runden 22–32: fM in jede M der Vorrunde (24 M).
Runde 33: fM, fM abn, (2 fM, fM abn) fünfmal, fM (18 M).
Runde 34: (fM, fM abn) sechsmal (12 M).
Runde 35: (fM abn) sechsmal (6 M).
Die Häkelarbeit beenden und ein 15–20 cm langes Fadenende übrig lassen. Mit dem Fadenende das Loch zunähen. Die Fadenenden vernähen. Für später zur Seite legen.

Die Arme (zweimal häkeln)

Runde 1: mit Garn A und der größeren Häkelnadel einen Fr machen und 6 fM in den Fr häkeln (6 M).
Runde 2: (fM zun) sechsmal (12 M).
Runden 3–13: fM in jede M der Vorrunde (12 M). Mit dem Ausstopfen beginnen. Während des Häkelns nach und nach mehr Füllwatte hinzufügen. Fest ausstopfen.
Die Häkelarbeit beenden und ein Fadenende übrig lassen, das lang genug ist, um den Arm zu verschließen und an den Körper zu nähen. Den Arm mit überwendlichen Stichen verschließen, das restliche Fadenende zum Annähen überstehen lassen und für später zur Seite legen.

Die Beine (zweimal häkeln)

Runde 1: mit Garn A und der größeren Häkelnadel einen Fr machen und 6 fM in den Fr häkeln (6 M).
Runde 2: (fM zun) sechsmal (12 M).
Runde 3: (fM, fM zun) sechsmal (18 M).
Runde 4: fM, fM zun, (2 fM, fM zun) fünfmal, fM (24 M).
Runden 5 und 6: fM in jede M der Vorrunde (24 M).
Runde 7: (fM abn) sechsmal, 12 fM (18 M).
Runde 8: (fM abn) dreimal, 12 fM (15 M). Mit dem Ausstopfen beginnen. Während des Häkelns nach und nach mehr Füllwatte hinzufügen. Fest ausstopfen.
Runde 9: (fM abn) dreimal, 9 fM (12 M).
Runden 10–18: fM in jede M der Vorrunde (12 M).
Die Häkelarbeit beenden und ein Fadenende übrig lassen, das lang genug ist, um damit das Bein zu

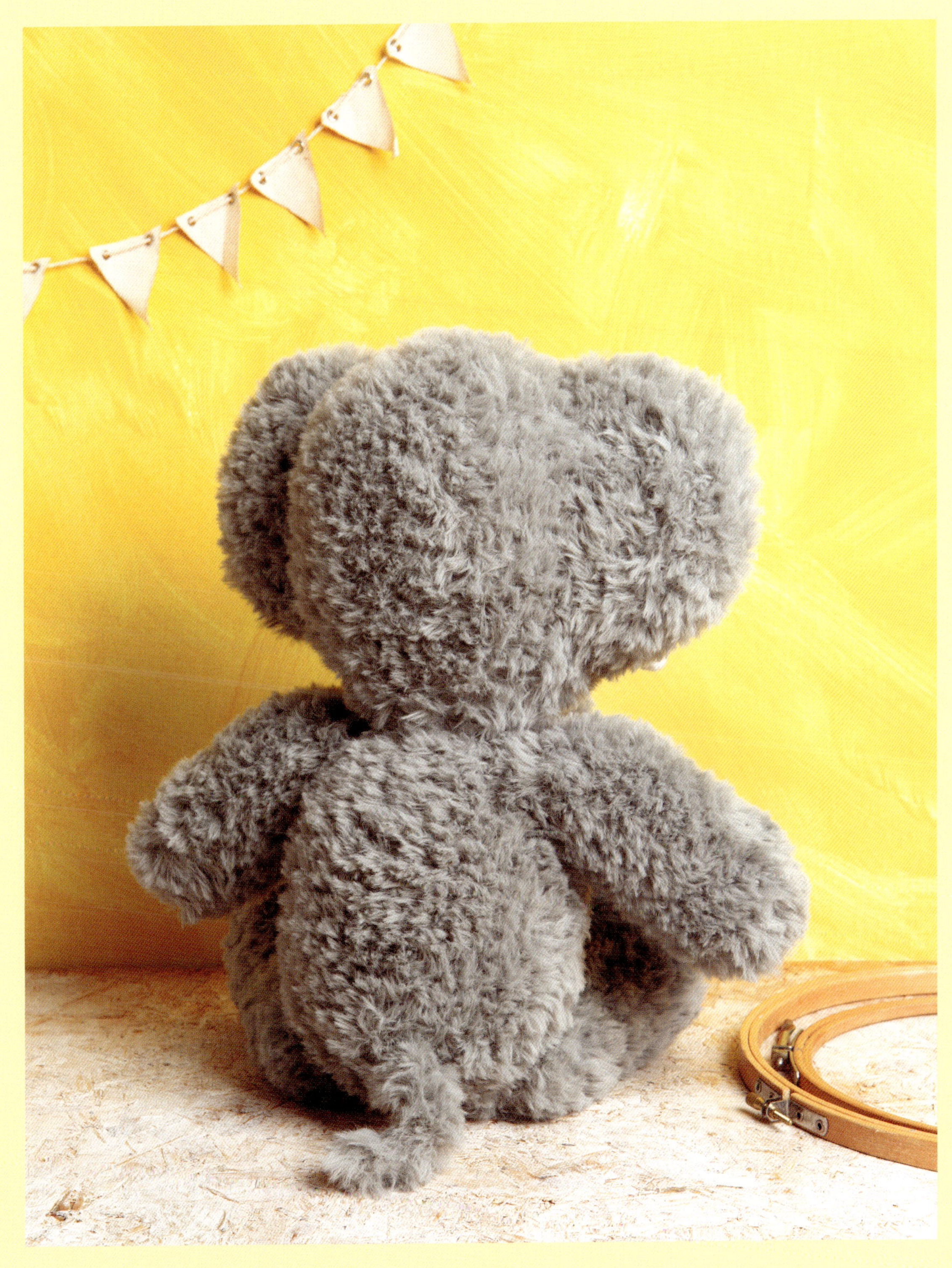

verschließen und an den Körper zu nähen. Das Bein mit überwendlichen Stichen verschließen und für später zur Seite legen, das restliche Fadenende zum Annähen überstehen lassen.

Die Ohren (zweimal häkeln)

In Reihen arbeiten.
Reihe 1: mit Garn A und der größeren Häkelnadel einen Fr machen und 6 fM in den Fr häkeln (6 M).
Reihe 2: 1 Lm und wenden, (fM, fM zun) dreimal (9 M).
Reihe 3: 1 Lm und wenden, (2 fM, fM zun) dreimal (12 M).
Reihe 4: 1 Lm und wenden, (3 fM, fM zun) dreimal (15 M).
Reihe 5: 1 Lm und wenden, (4 fM, fM zun) dreimal (18 M).
Reihe 6: 1 Lm und wenden, (5 fM, fM zun) dreimal (21 M).
Reihen 7 und 8: 1 Lm und wenden. fM in jede M der Reihe (21 M).
Die Häkelarbeit beenden und ein Fadenende übrig lassen, das lang genug ist, um das Ohr an den Körper zu nähen. Für später zur Seite legen.

Der Rüssel

Runde 1: mit Garn A und der größeren Häkelnadel einen Fr machen und 6 fM in den Fr häkeln (6 M).
Runden 2–9: fM in jede M der Vorrunde (6 M). Mit dem Ausstopfen beginnen, während des Häkelns nach und nach mehr Füllwatte hinzufügen. Locker ausstopfen.
Runde 10: (fM zun) sechsmal (12 M).
Runde 11: fM in jede M der Vorrunde (12 M).
Die Häkelarbeit beenden und ein Fadenende übrig lassen, das lang genug ist, um den Rüssel an den Kopf zu nähen. Das restliche Fadenende zum Annähen überstehen lassen, zur Seite legen.

Die Stoßzähne (zweimal häkeln)

Runde 1: mit Garn B und der kleineren Häkelnadel einen Fr machen und 6 fM in den Fr häkeln (6 M).
Runde 2: fM in jede M der Vorrunde (6 M).
Runde 3: (fM zun, 2 fM) zweimal (8 M).
Runde 4: fM in jede M der Vorrunde (8 M).
Runde 5: (3 fM, fM zun) zweimal (10 M).
Runde 6: fM in jede M der Vorrunde (10 M).
Runde 7: 2 fM, fM zun, 4 fM, fM zun, 2 fM (12 M).
Runde 8: fM in jede M der Vorrunde (12 M).
Runde 9: (fM zun, 5 fM) zweimal (14 M).
Runde 10: fM in jede M der Vorrunde (14 M).
Die Häkelarbeit beenden und ein Fadenende übrig lassen, das lang genug ist, um den Stoßzahn an den Kopf zu nähen. Den Stoßzahn locker ausstopfen. Das restliche Fadenende zum Annähen überstehen lassen, zur Seite legen.

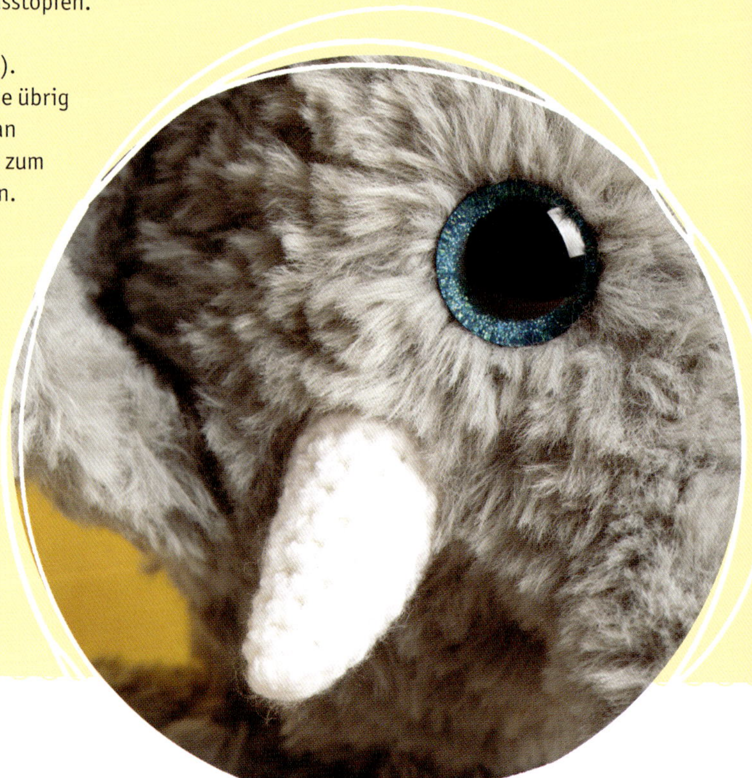

Der Schwanz

Mit Garn A und der größeren Häkelnadel 9 Lm anschlagen.
Reihe 1: fM in zweite Lm von der Nadel aus und in alle folgenden Lm (8 M).
Die Häkelarbeit beenden und ein Fadenende übrig lassen, das lang genug ist, um den Schwanz an den Körper zu nähen. Für später zur Seite legen.

Zusammennähen

1. Die Ohren mit den Fadenenden oben an den Kopf nähen, dabei durch die gerade Kante des Ohrs nähen.
2. Den Rüssel am Kopf rundherum annähen, währenddessen nach und nach Füllwatte im breiten Teil des Rüssels hinzufügen.
3. Mit den Fadenenden die Arme an beiden Seiten des Körpers annähen.
4. Die Beine mit den Fadenenden unten an den Körper nähen.
5. Mit den Fadenenden die Stoßzähne auf beiden Seiten des Rüssels annähen, währenddessen mit Füllwatte ausstopfen.
6. Den Schwanz mit dem Fadenende unten am Körper annähen.
7. Die Fadenenden vernähen.

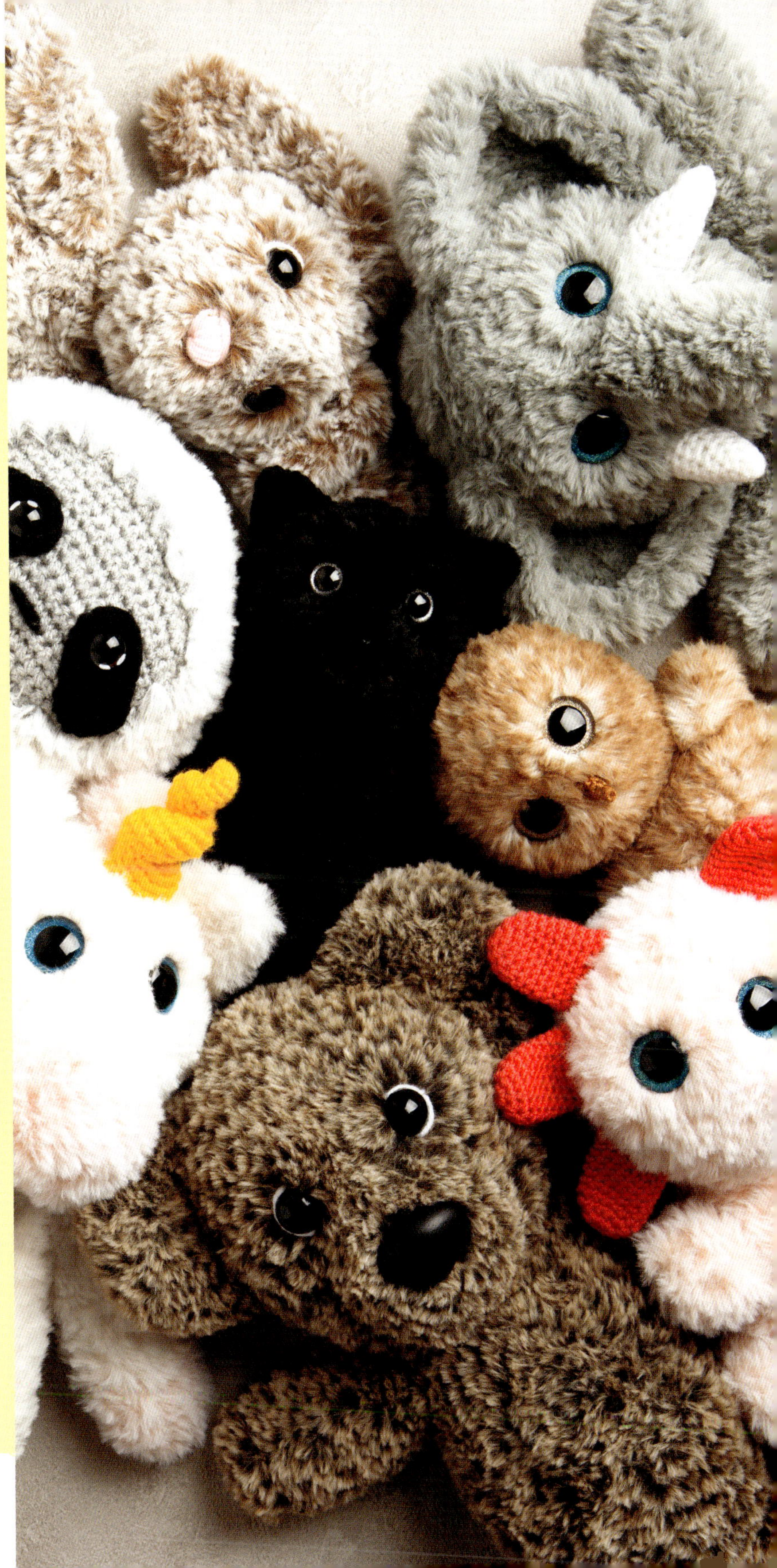

Abbey Axolotl

Dieses Plüschtier ist nach meiner Tochter Abbey benannt, die Axolotl über alles liebt und am Entstehungsprozess dieses Exemplars intensiv beteiligt war. Da zwei verschiedene Garnstärken zum Einsatz kommen, ist es für dieses Projekt notwendig, die Maße der Maschenprobe einzuhalten. Abbeys Kopf und Körper werden an einem Stück gehäkelt, Beine, Kiemen und Schwanzflosse werden anschließend separat gearbeitet und an den Kopf und den Körper angenäht.

Schwierigkeit:

Größe

Vom Kopf bis zur Spitze der Schwanzflosse etwa 32 cm lang

Maschenprobe

- Maschenprobe mit Fellgarn: Runden 1–5 von Kopf und Körper = 9 cm Durchmesser
- Maschenprobe mit Garn der Stärke „Aran": Runden 1–3 der Kiemen = 2,5 cm Durchmesser

Material

- 3,5 mm Häkelnadel
- 6 mm Häkelnadel
- WeCrochet Fable Fur (100 % Polyester, Stärke „Super Chunky", 100 g, 65 m):
  - 1 Knäuel (etwa 64 m), Paloma (Farbe A)
- WeCrochet Brava Worsted (100 % Premium Acryl, Stärke „Aran", 100 g, 199 m):
  - 1 Knäuel (etwa 56 m), Rouge (Farbe B)
- zwei blaue Sicherheitsaugen mit 24 mm Durchmesser
- Füllwatte
- Wollnadel
- Schere
- Maschenmarkierer

(Zu den Garnen siehe Hinweis auf S. 12.)

Anmerkungen

- Bei diesem Projekt ist es wichtig, die Maße der Maschenprobe einzuhalten, damit die Einzelteile richtig zusammenpassen. Nehmen Sie sich Zeit für eine Maschenprobe, bevor Sie dieses Projekt beginnen.
- Der Kopf und der Körper, Beine und Kiemen werden in Spiralrunden gearbeitet. Die erste Masche der Runde wird mit einem Maschenmarkierer gekennzeichnet, der zu Beginn jeder neuen Runde versetzt wird. Die Enden der Runden nicht zusätzlich mithilfe einer Kettmasche verbinden.
- Die Schwanzflosse wird in Reihen gearbeitet.

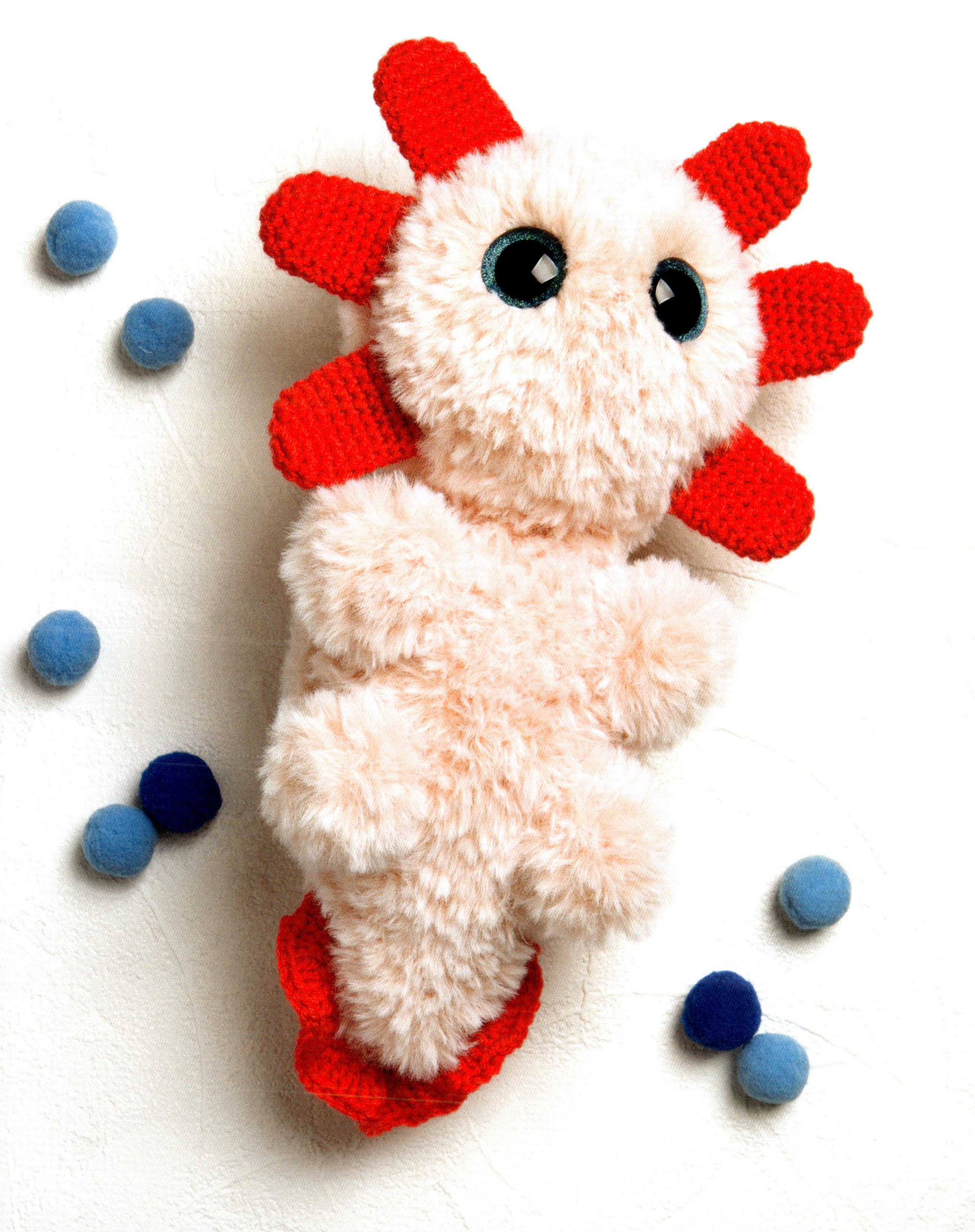

Anleitung

Der Kopf und der Körper

Runde 1: mit Garn A und der größeren Häkelnadel einen Fr machen und 6 fM in den Fr häkeln (6 M).
Runde 2: (fM zun) sechsmal (12 M).
Runde 3: (fM, fM zun) sechsmal (18 M).
Runde 4: (2 fM, fM zun) sechsmal (24 M).
Runde 5: (3 fM, fM zun) sechsmal (30 M).
Maschenprobe: Die Arbeit sollte jetzt einen Durchmesser von 9 cm haben.
Runden 6–10: fM in jede M der Vorrunde (30 M). Sicherheitsaugen in Runde 6 mit 4 M Abstand anbringen (siehe „Garnreste als Platzhalter für Sicherheitsaugen einsetzen" auf Seite 31).
Runde 11: (3 fM, fM abn) sechsmal (24 M). Mit dem Ausstopfen beginnen. Während des Häkelns nach und nach mehr Füllwatte hinzufügen. Fest ausstopfen.
Runde 12: (2 fM, fM abn) sechsmal (18 M).
Runde 13: (fM, fM abn) sechsmal (12 M).
Runde 14: (fM abn) sechsmal (6 M).
Runde 15: (fM zun) sechsmal (12 M).
Runde 16: (fM, fM zun) sechsmal (18 M). Alle paar Runden mehr Füllwatte hinzufügen, insbesondere im Halsbereich fest ausstopfen, um den Kopf zu stabilisieren.
Runde 17: (2 fM, fM zun) sechsmal (24 M).
Runden 18–23: fM in jede M der Vorrunde (24 M).
Runde 24: (2 fM, fM abn) sechsmal (18 M).
Runde 25: fM in jede M der Vorrunde (18 M).
Runde 26: (4 fM, fM abn) dreimal (15 M).
Runde 27: fM in jede M der Vorrunde (15 M).
Runde 28: (3 fM, fM abn) dreimal (12 M).
Runde 29: fM in jede M der Vorrunde (12 M).
Runde 30: fM, fM abn, (2 fM, fM abn) zweimal, fM (9 M).
Runde 31: fM in jede M der Vorrunde (9 M).

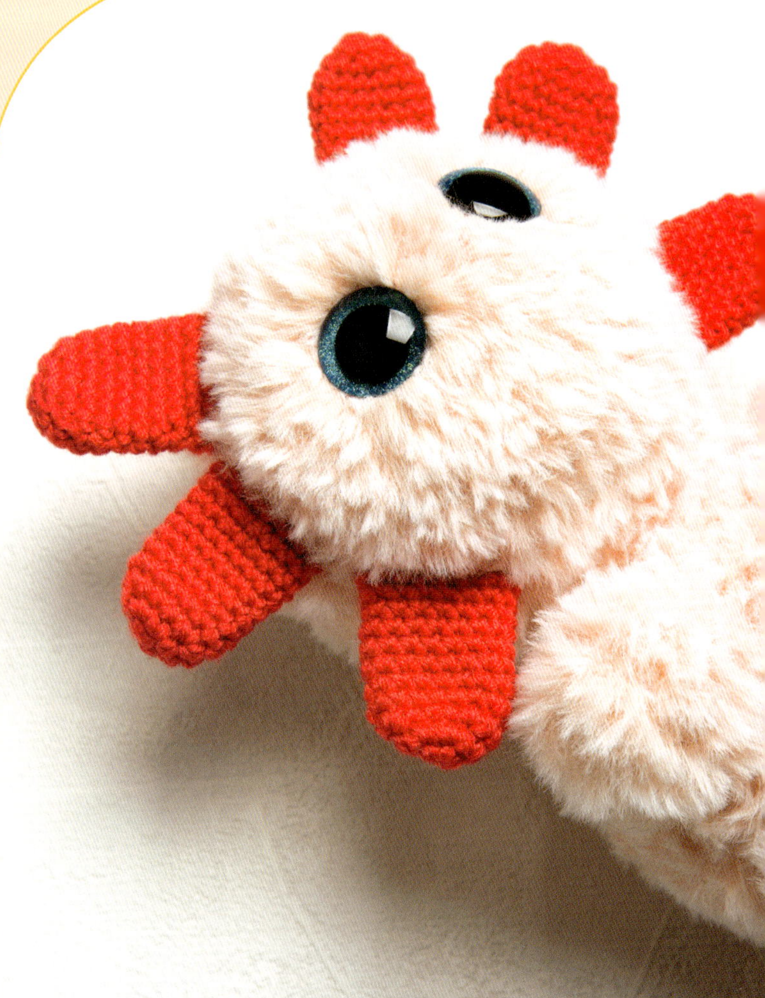

Runde 32: (fM, fM abn) dreimal (6 M).
Die Häkelarbeit beenden und ein 15–20 cm langes Fadenende übrig lassen. Mit dem Fadenende das Loch zunähen. Die Fadenenden vernähen. Für später zur Seite legen.

Die Beine (viermal häkeln)

Runde 1: mit Garn A und der größeren Häkelnadel einen Fr machen und 6 fM in den Fr häkeln (6 M).
Runde 2: (2 fM, fM zun) zweimal (8 M).
Runden 3 und 4: fM in jede M der Vorrunde (8 M). Die Häkelarbeit beenden und ein Fadenende übrig lassen, das lang genug ist, um das Bein an den Körper zu nähen. Das Bein fest ausstopfen. Für später zur Seite legen.

Die Kiemen (sechsmal häkeln)

Runde 1: mit Garn B und der kleineren Häkelnadel einen Fr machen und 6 fM in den Fr häkeln (6 M).
Runde 2: (fM zun) sechsmal (12 M).
Runde 3: (3 fM, fM zun) dreimal (15 M).
Maschenprobe: Die Arbeit sollte jetzt einen Durchmesser von 2,5 cm haben.
Runden 4–11: fM in jede M der Vorrunde (15 M).
Die Häkelarbeit beenden und ein Fadenende übrig lassen, das lang genug ist, um die Kiemen an den Körper zu nähen. Kiemen glatt streichen. Nicht ausstopfen! Für später zur Seite legen.

Die Schwanzflosse

In Reihen arbeiten.
Mit Garn B und der kleineren Häkelnadel 22 Lm anschlagen.
Reihe 1: fM in zweite Lm von der Nadel aus und in die folgenden 9 Lm, 3 fM in die nächste Lm, fM in die folgenden 10 Lm (23 M).
Reihe 2: 1 Lm und wenden. fM in die erste M und in die folgenden 10 M, 3 fM in die nächste M, fM in die verbleibenden 11 M (25 M).
Reihe 3: 1 Lm und wenden. fM in die ersten 2 M, (3 Stb in die nächste M, Stb in die nächste M), neunmal wiederholen, 3 Stb in die nächste M, fM in die verbleibenden 2 M (47 M).
Die Häkelarbeit beenden und ein Fadenende übrig lassen, das lang genug ist, um die Schwanzflosse an den Körper zu nähen. Für später zur Seite legen.

Zusammennähen

1. Die Kiemen mit den Fadenenden an den Seiten des Kopfes annähen, drei auf jeder Seite.
2. Die Beine vorne an den Körper nähen, dabei nach und nach ausstopfen.
3. Die Schwanzflosse am unteren Ende des Körpers annähen, dabei entlang der Innenkante der Luftmaschenkette der Schwanzflosse arbeiten. Reihe 3 der Schwanzflosse sollte nach außen und vom Körper weg zeigen.
4. Die Fadenenden vernähen.

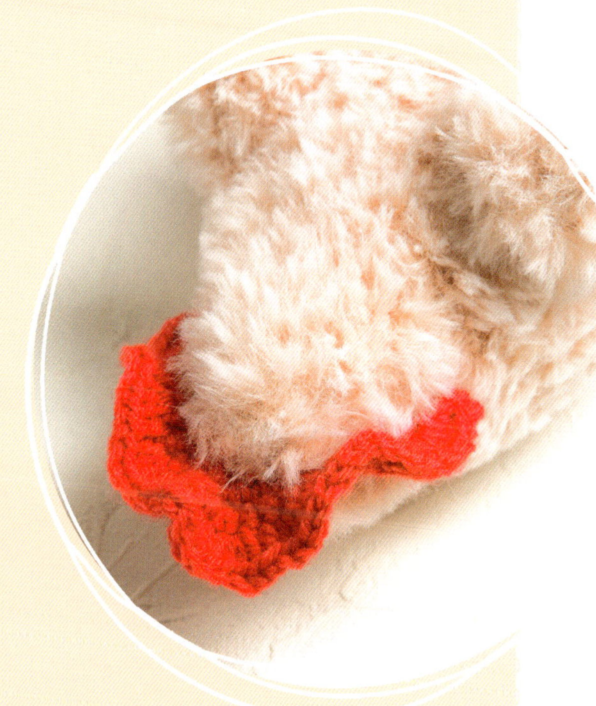

Fridolin Faultier

Fridolin unterscheidet es sich in der Herstellungsweise etwas von den anderen. Nachdem Sie den Körper gehäkelt haben, wenden Sie sich Gesicht und Kopf zu. Sie beginnen die Arbeit am Gesicht mit glattem Garn und wechseln dann für den restlichen Kopf zu Fellgarn. Anschließend häkeln Sie die Arme, Beine und Augenflecke und nähen diese einzeln an.

Schwierigkeit:

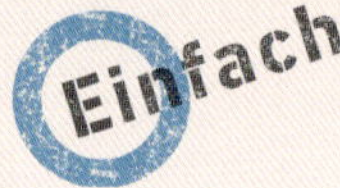

Größe

Etwa 54,5 cm hoch

Maschenprobe

- Maschenprobe mit Fellgarn: Runden 1–5 des Körpers = 9,5 cm Durchmesser
- Maschenprobe mit Garn der Stärke „Aran“: 4 M x 4 Reihen = 2,5 cm

Material

- 3,5 mm Häkelnadel
- 5,5 mm Häkelnadel
- Lion Brand Go For Faux (100 % Polyester, Stärke „Super Chunky“, 100 g, 59 m):
  - 3 Knäuel (etwa 149 m), Chinchilla (Farbe A)
- Lion Brand Vanna's Choice (100 % Acryl, Stärke „Aran“, 85 g, 133 m):
  - 1 Knäuel (etwa 11 m), Silver Heather (Farbe B)
  - 1 Knäuel (etwa 7 m), Black (Farbe C)
- zwei schwarze Sicherheitsaugen mit 18 mm Durchmesser
- Füllwatte
- Wollnadel
- Schere
- Maschenmarkierer
- Stecknadeln
- mögliche Alternative für Sicherheitsaugen: gewölbte Knöpfe mit 18 mm Durchmesser, Nähnadel und -garn.

(Zu den Garnen siehe Hinweis auf S. 12.)

Anmerkungen

- Zum Gelingen dieses Projekts ist es nicht notwendig, die Maße der Maschenprobe einzuhalten, allerdings hat dies Auswirkungen auf die Menge des benötigten Garns und die Größe des fertigen Plüschtiers.
- Alle Einzelteile (mit Ausnahme des ersten Teils des Kopfes) werden in Spiralrunden gearbeitet. Die erste Masche der Runde wird mit einem Maschenmarkierer gekennzeichnet, der zu Beginn jeder neuen Runde versetzt wird. Die Enden der Runden nicht zusätzlich mithilfe einer Kettmasche verbinden.

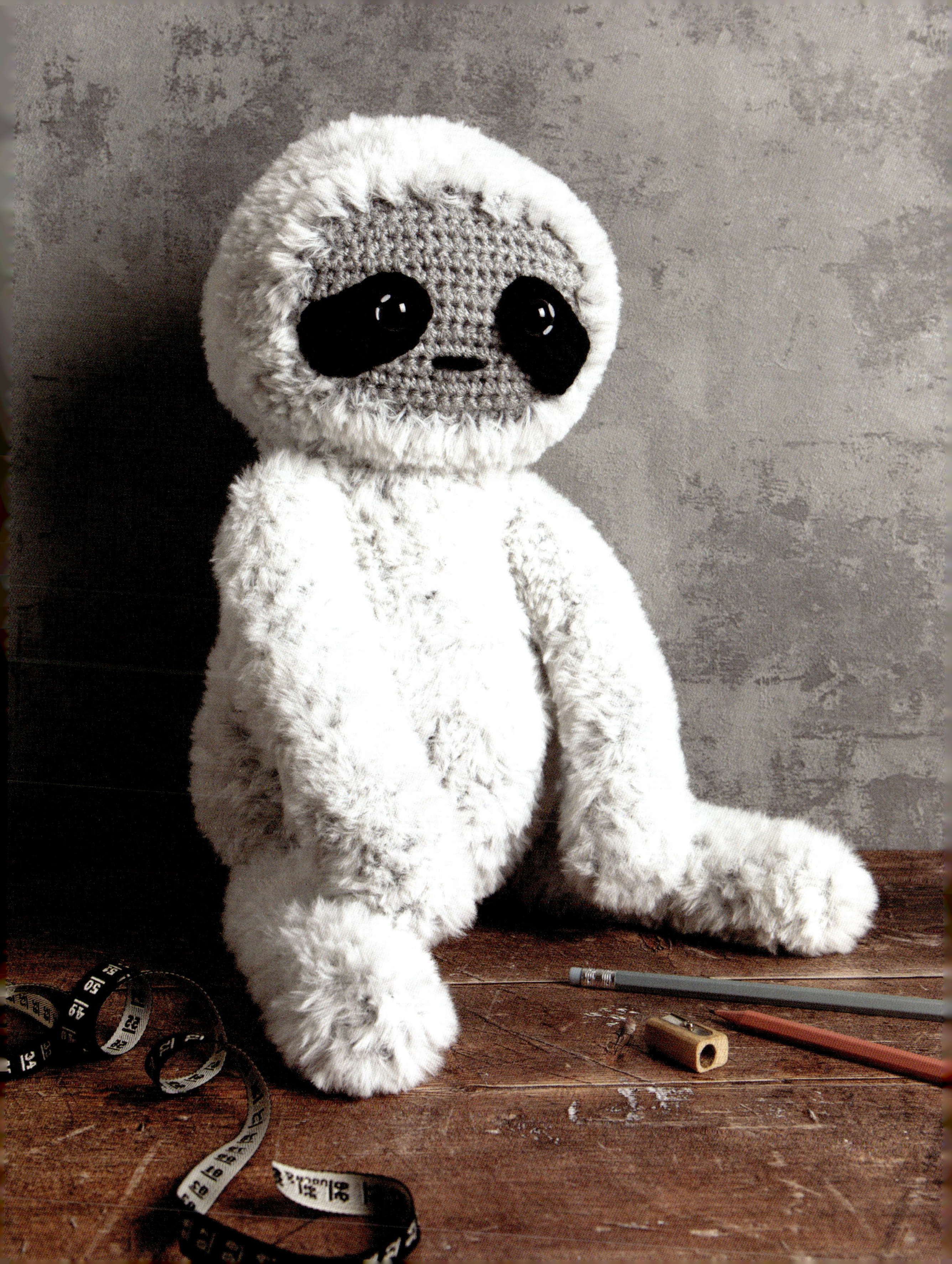

Anleitung

Der Körper

Runde 1: mit Garn A und der größeren Häkelnadel einen Fr machen und 6 fM in den Fr häkeln (6 M).
Runde 2: (fM zun) sechsmal (12 M).
Runde 3: (fM, fM zun) sechsmal (18 M).
Runde 4: fM, fM zun, (2 fM, fM zun) fünfmal, fM (24 M).
Runde 5: (3 fM, fM zun) sechsmal (30 M).
Maschenprobe: Die Arbeit sollte jetzt einen Durchmesser von 9,5 cm haben.
Runde 6: 2 fM, fM zun, (4 fM, fM zun) fünfmal, 2 fM (36 M).
Runde 7: (5 fM, fM zun) sechsmal (42 M).
Runden 8–10: fM in jede M der Vorrunde (42 M).
Runde 11: (5 fM, fM abn) sechsmal (36 M).
Runde 12: fM in jede M der Vorrunde (36 M).
Runde 13: 2 fM, fM abn, (4 fM, fM abn) fünfmal, 2 fM (30 M).
Runde 14: fM in jede M der Vorrunde (30 M).
Runde 15: (3 fM, fM abn) sechsmal (24 M). Mit dem Ausstopfen beginnen. Während des Häkelns nach und nach mehr Füllwatte hinzufügen. Fest ausstopfen.
Runde 16: fM in jede M der Vorrunde (24 M).
Runde 17: (fM abn, 2 fM) sechsmal (18 M).
Runden 18–21: fM in jede M der Vorrunde (18 M).
Die Häkelarbeit beenden und ein Fadenende übrig lassen, das lang genug ist, den Körper an den Kopf zu nähen. Für später zur Seite legen.

Das Gesicht und der Kopf

Bis Reihe 14 in Reihen und danach in Spiralrunden arbeiten.
Mit Garn B und der kleineren Häkelnadel 14 Lm anschlagen.
Reihe 1: fM zun in zweiter Lm von der Nadel aus, 11 fM, fM zun in letzter Lm (15 M).
Reihe 2: 1 Lm und wenden. fM zun in erster M, 13 fM, fM zun in letzter M (17 M).
Reihe 3: 1 Lm und wenden. fM zun in erster M, 15 fM, fM zun in letzter M (19 M).
Reihe 4: 1 Lm und wenden. fM zun in erster M, 17 fM, fM zun in letzter M (21 M).
Reihen 5–10: 1 Lm und wenden. fM in jede M der Reihe (21 M).
Reihe 11: 1 Lm und wenden. fM abn, 17 fM, fM abn (19 M).
Reihe 12: 1 Lm und wenden. fM abn, 15 fM, fM abn (17 M).
Reihe 13: 1 Lm und wenden. fM abn, 13 fM, fM abn (15 M).
Reihe 14: 1 Lm und wenden. fM in jede M (15 M).

Ab hier in Spiralrunden häkeln und die Arbeit dabei im Uhrzeigersinn drehen (das Häkelstück umhäkeln).
Runde 1: 1 Lm häkeln, mit der Nadel zwischen Reihe 13 und 14 einstechen – siehe Maschenmarkierer im Bild unten – und 15 fM gleichmäßig entlang gerundeten der Seitenkante der Arbeit häkeln. 1 LM häkeln, mit der Nadel in die erste M von Reihe 1 einstechen – das entspricht im Bild der Ecke links unten – und entlang der Reihe 15 fM häkeln. 1 LM häkeln, mit der Nadel zwischen Reihe 1 und 2 einstechen – das entspricht im Bild der Ecke rechts unten – und 15 fM

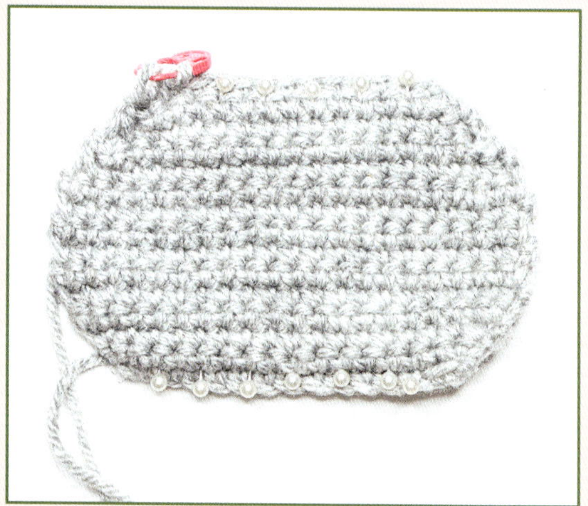

gleichmäßig entlang der zweiten gerundeten Seitenkante der Arbeit häkeln. 1 Lm häkeln, mit der Nadel in die erste M von Reihe 14 einstechen – das entspricht im Bild der Ecke rechts oben – und 15 fM häkeln (64 M). Mit dem letzten Umschlag der letzten Masche von Runde 1 zu Garn A und zu der größeren Häkelnadel wechseln (siehe Seite 22).

Runde 2: 1 fM in jede zweite M der Vorrunde (32 M). Die Arbeit so wenden, dass die flauschigere Seite zum eigenen Körper zeigt. Dies ist nun die rechte Seite.
Runde 3: fM in jede M der Vorrunde (32 M).
Runde 4: (7 fM, fM zun) viermal (36 M).
Runde 5: (5 fM, fM zun) sechsmal (42 M).
Runden 6–9: fM in jede M der Vorrunde (42 M).
Runde 10: (5 fM, fM abn) sechsmal (36 M).
Runde 11: fM in jede M der Vorrunde (36 M).
Runde 12: 2 fM, fM abn, (4 fM, fM abn) fünfmal, 2 fM (30 M).
Runde 13: (3 fM, fM abn) sechsmal (24 M). Mit dem Ausstopfen beginnen. Während des Häkelns nach und nach mehr Füllwatte hinzufügen. Fest ausstopfen.
Runde 14: fM, fM abn, (2 fM, fM abn) fünfmal, fM (18 M).
Runde 15: (fM, fM abn) sechsmal (12 M).
Runde 16: (fM abn) sechsmal (6 M).
Die Häkelarbeit beenden und ein 15–20 cm langes Fadenende übrig lassen. Mit dem Fadenende das Loch zunähen. Die Fadenenden vernähen. Für später zur Seite legen.

Die Arme und die Beine (viermal häkeln)

Runde 1: mit Garn A und der größeren Häkelnadel einen Fr machen und 6 fM in den Fr häkeln (6 M).
Runde 2: (fM, fM zun) dreimal (9 M).
Runden 3–21: fM in jede M der Vorrunde (9 M). Mit dem Ausstopfen beginnen. Während des Häkelns nach und nach mehr Füllwatte hinzufügen.
Die Häkelarbeit beenden und ein Fadenende übrig lassen, das lang genug ist, um die Arme und Beine an den Körper zu nähen. Für später zur Seite legen.

Tipp

Sind die Verschlussscheiben der Sicherheitsaugen zu groß und lassen die Augen zu weit vorstehen, können Sie stattdessen gewölbte Knöpfe verwenden. Sie benötigen eine Nadel und Garn, um die Knöpfe zu befestigen.

Schwarze Augenflecke (zweimal häkeln)

Mit Garn C und der kleineren Häkelnadel 7 Lm anschlagen.
Runde 1: fM zun in zweiter Lm von der Nadel aus, 4 fM, 5 fM in die letzte Lm. Auf der anderen Seite der Luftmaschenkette: 4 fM, 3 fM in die letzte Lm (18 M).
Runde 2: fM, fM zun, 4 fM, (fM zun, fM) zweimal, fM zun, 4 fM, fM zun, fM, fM zun (24 M).
Mit unsichtbarem Rundenabschluss abschließen und ein langes Fadenende zum Annähen an das Gesicht übrig lassen (siehe „Der unsichtbare Rundenabschluss“ auf Seite 23). Ein Sicherheitsauge in der

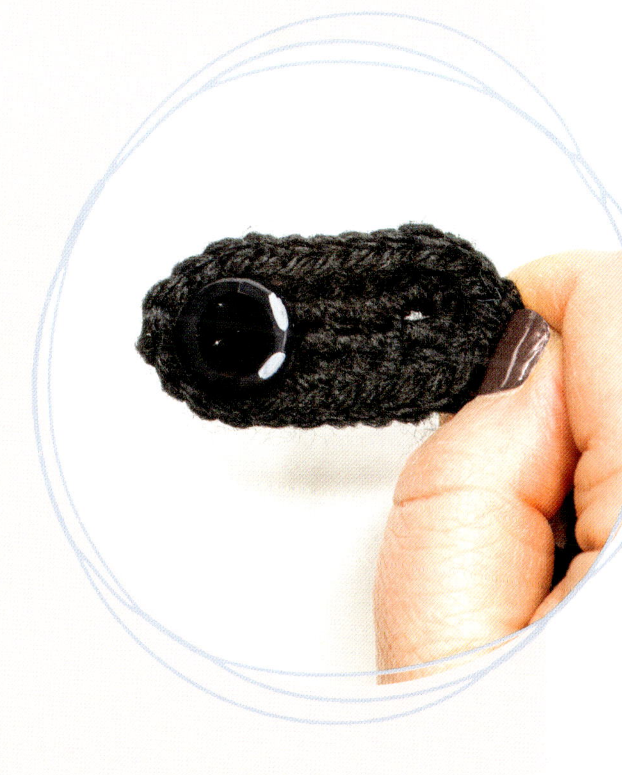

kleinen Lücke platzieren, die in Runde 1 durch die 5 fM in der letzten Lm entstanden ist. Das Sicherheitsauge mit der Verschlussscheibe fixieren. Für später zur Seite legen.

Zusammennähen

1. Den Körper mit dem Fadenende an den Kopf nähen, dabei noch zusätzliche Füllwatte hinzufügen, um den Kopf zu stabilisieren. Fest ausstopfen.
2. Mit den Fadenenden die Arme direkt unterhalb des Kopfes an beide Körperseiten nähen.
3. Mit den Fadenenden die Beine rechts und links unten an den Körper nähen.
4. Die schwarzen Augenflecke mit den Augen in einem leichten Winkel auf dem Gesicht platzieren, sodass sie an den Seiten etwas auf den aus Fellgarn gehäkelten Teil überstehen, und in dieser Position mit den Fadenenden annähen.
5. Das Maul aufsticken: Mit einem etwa 38 cm langen Faden aus Garn C mittig zwischen den Augen eine etwa 5 Maschen breite Nase auf das Gesicht des Faultiers sticken (siehe Bilder rechts zur Orientierung).
6. Die Fadenenden vernähen.

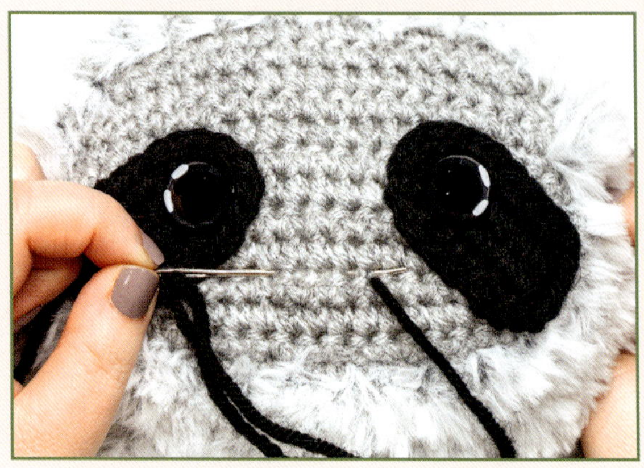

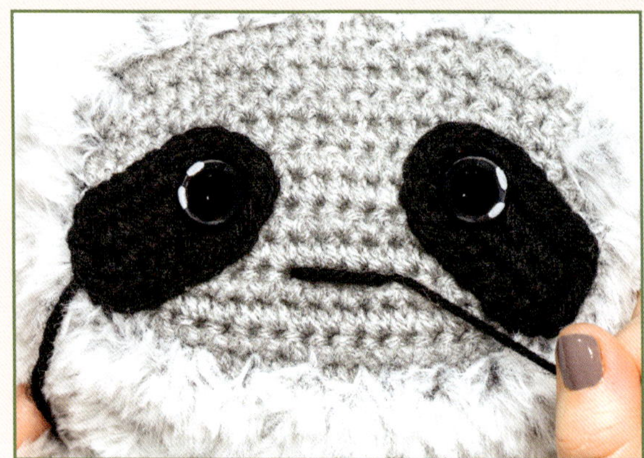

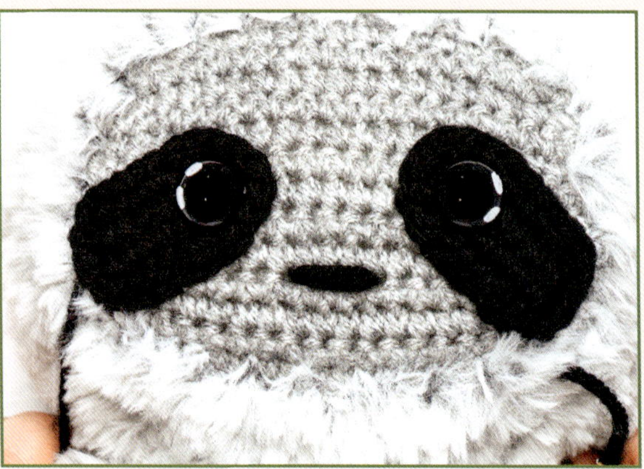

Das Maul aufsticken.

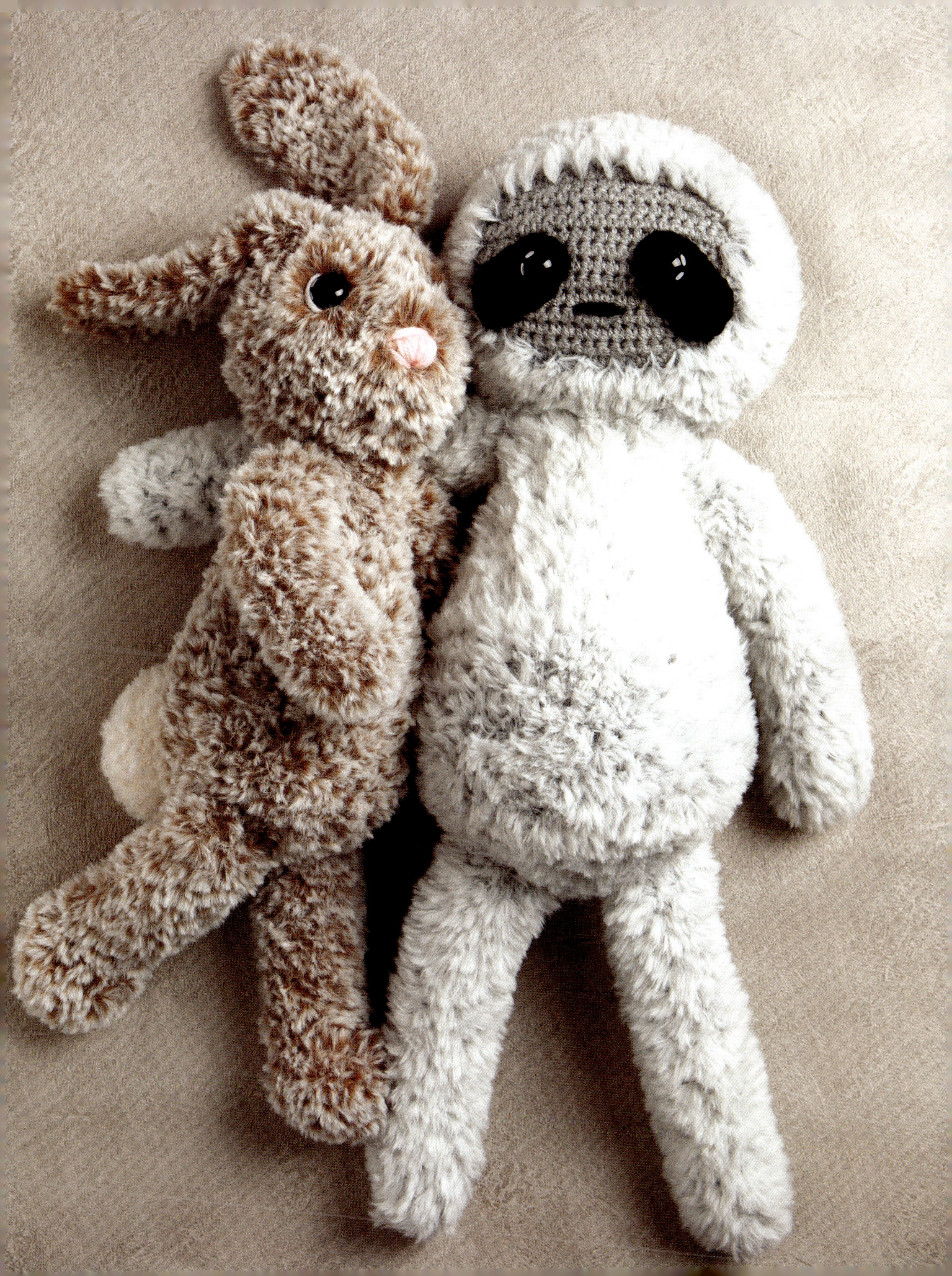

Elsa Einhorn

Auch Elsa Einhorn hat die perfekte Größe, um von Kinderarmen umfasst zu werden. Elsa lässt sich auch in ein gewöhnliches Pferd verwandeln, lassen Sie einfach das Horn weg und verwenden Sie statt des rosafarbenen Garns braunes Garn für die Arme und Beine. Als Erstes werden Elsas Kopf und Körper separat gehäkelt. Dann werden Arme, Beine, Ohren, Horn, Mähne und Schweif gehäkelt und angenäht. Wenn es Ihnen nichts ausmacht, dass Elsas Horn nicht genauso groß ist wie auf dem Foto, ist es nicht unbedingt notwendig, die Maße der Maschenprobe einzuhalten.

Schwierigkeit:

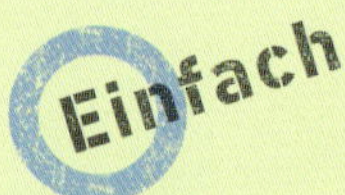

Größe

Von der Spitze des Horns bis zu den Hufen etwa 50 cm lang

Maschenprobe

- Maschenprobe mit Fellgarn: Runden 1–4 des Körpers = 7,5 cm Durchmesser
- Maschenprobe mit Garn der Stärke „Aran" und einer 3,5 mm Häkelnadel (in Spiralrunden gearbeitet) = 3 cm Durchmesser:
  Runde 1: einen Fr machen und 6 fM in den Fr häkeln (6 M).
  Runde 2: (fM zun) sechsmal (12 M).
  Runde 3: (fM, fM zun) sechsmal (18 M).

Material

- 3,5 mm Häkelnadel
- 6 mm Häkelnadel
- WeCrochet Fable Fur (100 % Polyester, Stärke „Super Chunky", 100 g, 65 m):
  - 2 Knäuel (etwa 112 m), Eisbar (Farbe A)
  - 1 Knäuel (etwa 43 m), Paloma (Farbe B)
- WeCrochet Brava Worsted (100 % Premium Acryl, Stärke „Aran", 100 g, 199 m):
  - 1 Knäuel (etwa 13 m), Canary (Farbe C)
- zwei blaue Sicherheitsaugen mit 24 mm Durchmesser
- Füllwatte
- Wollnadel
- Schere
- Maschenmarkierer
- Stecknadeln

(Zu den Garnen siehe Hinweis auf S. 12.)

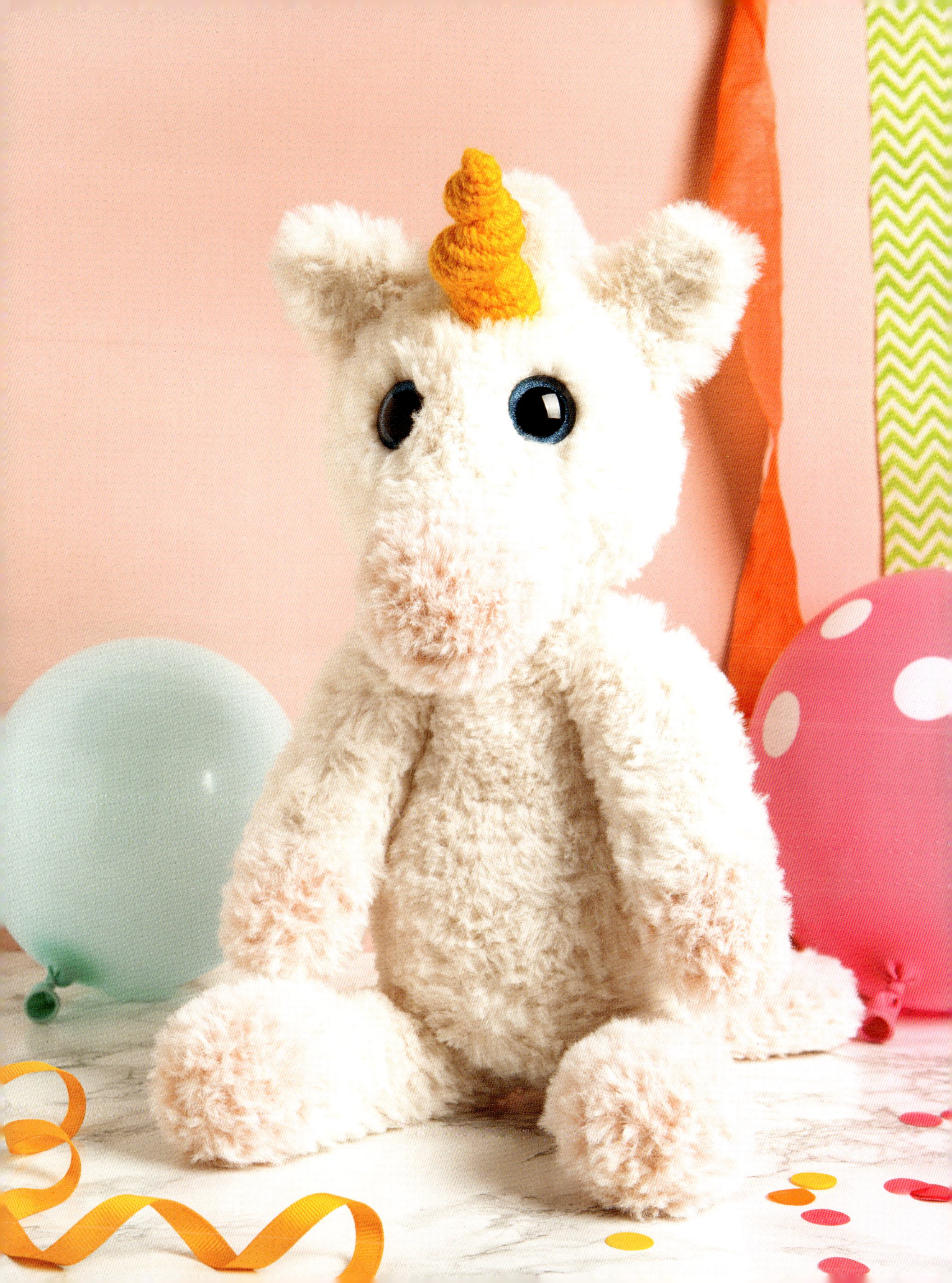

Anmerkungen

- Sie können dieses Plüschtier häkeln, ohne die Maße der Maschenprobe einzuhalten, allerdings kann es dann passieren, dass das Horn nicht die passende Größe hat. Ich empfehle sehr, sich bei diesem Projekt die Zeit für eine Maschenprobe zu nehmen.
- Kopf, Horn, Körper, Arme, Beine und Schweif werden in Spiralrunden gearbeitet. Die erste Masche der Runde wird mit einem Maschenmarkierer markiert, der zu Beginn jeder neuen Runde versetzt wird. Die Enden der Runden nicht zusätzlich mithilfe einer Kettmasche verbinden.
- Mähne und Ohren werden in Reihen gearbeitet.
- Damit die Abnahmen mit dem glatten Garn der Stärke „Aran" ordentlicher aussehen, arbeiten Sie beim Abnehmen einer festen Masche (fM abn) nicht in beide Maschenglieder, sondern nur in die vorderen Maschenglieder der Maschen (siehe „Die unsichtbare Abnahme" auf Seite 17).
- Zählen Sie beim Horn am Ende jeder Runde die Maschen. Beim Häkeln von 5 Maschen in die gleiche Masche kann es passieren, dass die nächste Masche der Runde verdeckt und daher versehentlich übersprungen wird.

Anleitung

Der Körper

Runde 1: mit Garn A und der größeren Häkelnadel einen Fr machen und 6 fM in den Fr häkeln (6 M).
Runde 2: (fM zun) sechsmal (12 M).
Runde 3: (fM, fM zun) sechsmal (18 M).
Runde 4: fM, fM zun, (2 fM, fM zun) fünfmal, fM (24 M).
Maschenprobe: Die Arbeit sollte jetzt einen Durchmesser von 7,5 cm haben.
Runden 5–11: fM in jede M der Vorrunde (24 M).
Mit dem Ausstopfen beginnen. Während des Häkelns nach und nach mehr Füllwatte hinzufügen. Fest ausstopfen.
Runde 12: (6 fM, fM abn) dreimal (21 M).
Runde 13: fM in jede M der Vorrunde (21 M).
Runde 14: (5 fM, fM abn) dreimal (18 M).
Runde 15: fM in jede M der Vorrunde (18 M).
Runde 16: (4 fM, fM abn) dreimal (15 M).
Runde 17: fM in jede M der Vorrunde (15 M).
Runde 18: (3 fM, fM abn) dreimal (12 M).
Runden 19–21: fM in jede M der Vorrunde (12 M).
Die Häkelarbeit beenden und ein Fadenende übrig lassen, das lang genug ist, um den Körper an den Kopf zu nähen. Für später zur Seite legen.

Der Kopf

Runde 1: mit Garn B und der größeren Häkelnadel einen Fr machen und 6 fM in den Fr häkeln (6 M).
Runde 2: (fM zun) sechsmal (12 M).
Runden 3 und 4: fM in jede M der Vorrunde (12 M).
Zu Garn A wechseln.
Runden 5 und 6: fM in jede M der Vorrunde (12 M).
Runde 7: (fM, fM zun) sechsmal (18 M).
Runde 8: fM in jede M der Vorrunde (18 M).
Runde 9: fM, fM zun, (2 fM, fM zun) fünfmal, fM (24 M).
Augen in Runde 9 mit 4 M Abstand anbringen (siehe „Garnreste als Platzhalter für Sicherheitsaugen einsetzen" auf Seite 31).
Runde 10: (3 fM, fM zun) sechsmal (30 M). Mit dem Ausstopfen beginnen und während des Häkelns nach und nach mehr Füllwatte hinzufügen. Fest ausstopfen.
Runden 11–15: fM in jede M der Vorrunde (30 M).
Runde 16: (3 fM, fM abn) sechsmal (24 M).
Runde 17: fM, fM abn, (2 fM, fM abn) fünfmal, fM (18 M).
Runde 18: (fM, fM abn) sechsmal (12 M).
Runde 19: (fM abn) sechsmal (6 M).
Die Häkelarbeit beenden und ein 15–20 cm langes Fadenende übrig lassen. Mit dem Fadenende das Loch zunähen. Die Fadenenden vernähen. Für später zur Seite legen.

Die Arme (zweimal häkeln)

Runde 1: mit Garn B und der größeren Häkelnadel einen Fr machen und 6 fM in den Fr häkeln (6 M).
Runde 2: (2 fM, fM zun) zweimal (8 M).
Runden 3 und 4: fM in jede M der Vorrunde (8 M). Zu Garn A wechseln.
Runden 5–15: fM in jede M der Vorrunde (8 M). Mit dem Ausstopfen beginnen, während des Häkelns nach und nach mehr Füllwatte hinzufügen. Fest ausstopfen. Die Häkelarbeit beenden und ein Fadenende übrig lassen, das lang genug ist, um den Arm an den Körper zu nähen. Für später zur Seite legen.

Die Beine (zweimal häkeln)

Runde 1: mit Garn B und der größeren Häkelnadel einen Fr machen und 6 fM in den Fr häkeln (6 M).
Runde 2: (fM zun) sechsmal (12 M).
Runden 3 und 4: fM in jede M der Vorrunde (12 M).
Zu Garn A wechseln.
Runde 5: (2 fM, fM abn) dreimal (9 M).
Runde 6: fM in jede M der Vorrunde (9 M).
Runde 7: fM abn, 7 fM (8 M). Mit dem Ausstopfen beginnen, während des Häkelns nach und nach mehr Füllwatte hinzufügen. Fest ausstopfen.
Runden 8–17: fM in jede M der Vorrunde (8 M). Die Häkelarbeit beenden und ein Fadenende übrig lassen, das lang genug ist, um das Bein an den Körper zu nähen. Für später zur Seite legen.

Die Ohren (zweimal häkeln)

In Reihen arbeiten.
Mit Garn A und der größeren Häkelnadel 5 Lm an schlagen, dabei ein langes Fadenende zum Annähen für später überstehen lassen.
Reihe 1: fM in zweite Lm von der Nadel aus und in alle folgenden Lm (4 M).
Reihen 2 und 3: 1 Lm und wenden. fM in jede M der Reihe (4 M).
Reihe 4: 1 Lm und wenden. (fM abn) zweimal (2 M).
Reihe 5: 1 Lm und wenden. fM abn (1 M).
Reihe 6: 1 Lm und wenden. fM (1 M).
Die Häkelarbeit beenden und ein Fadenende übrig lassen, das lang genug ist, um das Ohr an den Kopf zu nähen. Für später zur Seite legen.

Das Horn

Runde 1: mit Garn C und der kleineren Häkelnadel einen Fr machen und 6 fM in den Fr häkeln (6 M).
Runden 2 und 3: fM in jede M der Vorrunde (6 M).
Runde 4: 5 fM in die erste M häkeln, fM in die verbleibenden 5 M (10 M). Mit dem Ausstopfen beginnen, während des Häkelns nach und nach mehr Füllwatte hinzufügen. Fest ausstopfen.
Runde 5: 5 fM in die erste M häkeln, fM in die nächsten 3 M, (fM abn) dreimal (11 M).
Runde 6: 5 fM in die erste M häkeln, fM in die nächsten 4 M, (fM abn) dreimal (12 M).
Runde 7: 5 fM in die erste M häkeln, fM in die nächsten 5 M, (fM abn) dreimal (13 M).
Runde 8: 5 fM in die erste M häkeln, fM in die nächsten 6 M, (fM abn) dreimal (14 M).
Runde 9: 5 fM in die erste M häkeln, fM in die nächsten 7 M, (fM abn) dreimal (15 M).
Runde 10: 5 fM in die erste M häkeln, fM in die nächsten 8 M, (fM abn) dreimal (16 M).
Runde 11: 5 fM in die erste M häkeln, fM in die nächsten 9 M, (fM abn) dreimal (17 M).
Runde 12: 5 fM in die erste M häkeln, fM in die nächsten 10 M, (fM abn) dreimal (18 M).
Runde 13: 5 fM in die erste M häkeln, fM in die nächsten 11 M, (fM abn) dreimal (19 M).
Runde 14: 5 fM in die erste M häkeln, fM in die nächsten 12 M, (fM abn) dreimal (20 M).
Runde 15: fM in die ersten 14 M, (fM abn) dreimal (17 M).
Runden 16 und 17: fM in jede M der Vorrunde (17 M).
Die Häkelarbeit beenden und ein Fadenende übrig lassen, das lang genug ist, um das Horn an den Kopf zu nähen. Für später zur Seite legen.

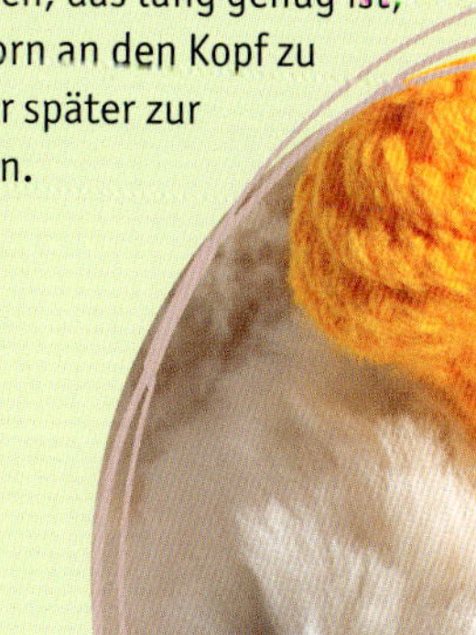

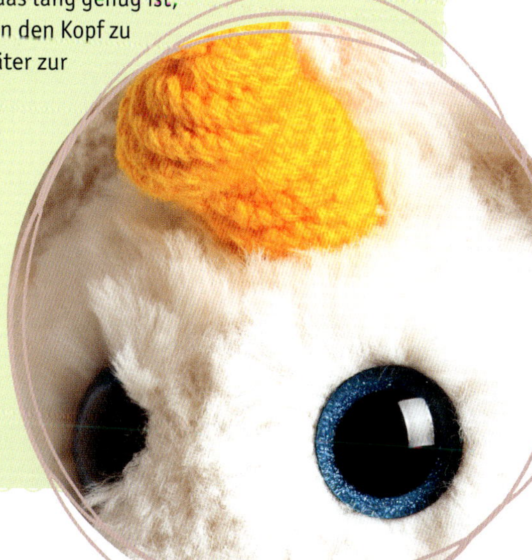

Die Mähne

In Reihen arbeiten.
Mit Garn B und der größeren Häkelnadel 8 Lm anschlagen.
Reihe 1: fM in zweite Lm von der Nadel aus und in alle folgenden Lm (7 M).
Reihen 2–17: 1 Lm und wenden. fM in jede M der Reihe (7 M).
Die Häkelarbeit beenden und ein mindestens 91,5 cm langes Fadenende zum Annähen übrig lassen. Für später zur Seite legen.

Der Schweif

Runde 1: mit Garn B und der größeren Häkelnadel einen Fr machen und 6 fM in den Fr häkeln (6 M).
Runde 2: (fM zun) sechsmal (12 M).
Runden 3–5: fM in jede M der Vorrunde (12 M).
Runde 6: fM abn, 10 fM (11 M).
Runde 7: fM in jede M der Vorrunde (11 M).
Runde 8: 5 fM, fM abn, 4 fM (10 M).
Runde 9: fM in jede M der Vorrunde (10 M).
Runde 10: 2 fM, fM abn, 6 fM (9 M).
Runde 11: fM in jede M der Vorrunde (9 M).
Runde 12: 5 fM, fM abn, 2 fM (8 M).
Runde 13: fM in jede M der Vorrunde (8 M).
Runde 14: fM abn, 6 fM (7 M).
Runde 15: fM in jede M der Vorrunde (7 M).
Runde 16: 3 fM, fM abn, 2 fM (6 M).
Runden 17 und 18: fM in jede M der Vorrunde (6 M).
Die Häkelarbeit beenden und ein Fadenende zum Annähen übrig lassen. Nicht ausstopfen! Für später zur Seite legen.

Zusammennähen

1. Den Kopf mit dem Fadenende an den Körper nähen, währenddessen den Hals mit zusätzlicher Füllwatte ausstopfen.
2. Die Ohren mit den Fadenenden an den Kopf des Einhorns nähen.
3. Die Beine mit dem Fadenende unten am Körper annähen.
4. Mit den Fadenenden die Arme an beiden Seiten des Körpers annähen, die offene Oberkante des Arms direkt unterhalb der Stelle platzieren, an der der Kopf mit dem Körper vernäht ist.
5. Das Horn mit dem Fadenende an die Stirn des Einhorns nähen, währenddessen das untere Ende des Horns mit mehr Füllwatte füllen.
6. Die Mähne der Länge nach in der Mitte falten. Die langen Seiten der Mähne mit dem Fadenende und überwendlichen Stichen zusammennähen (siehe Bild unten links). Die Mähne mit der Naht zuerst an den Hinterkopf des Einhorns legen und mit Stecknadeln feststecken (siehe Bild unten rechts). Die Mähne mit dem Fadenende am Hinterkopf annähen.
7. Den Schweif mit dem Fadenende unten an der Rückseite des Körpers annähen.
8. Die Fadenenden vernähen.

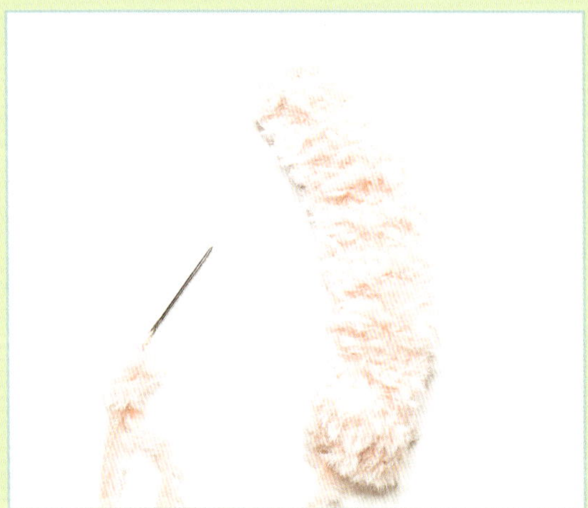

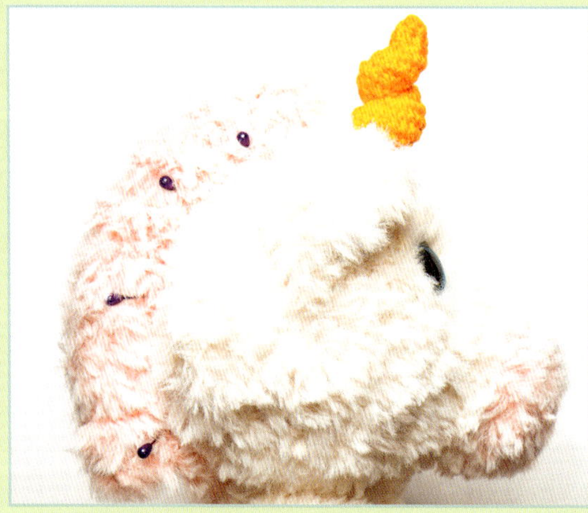

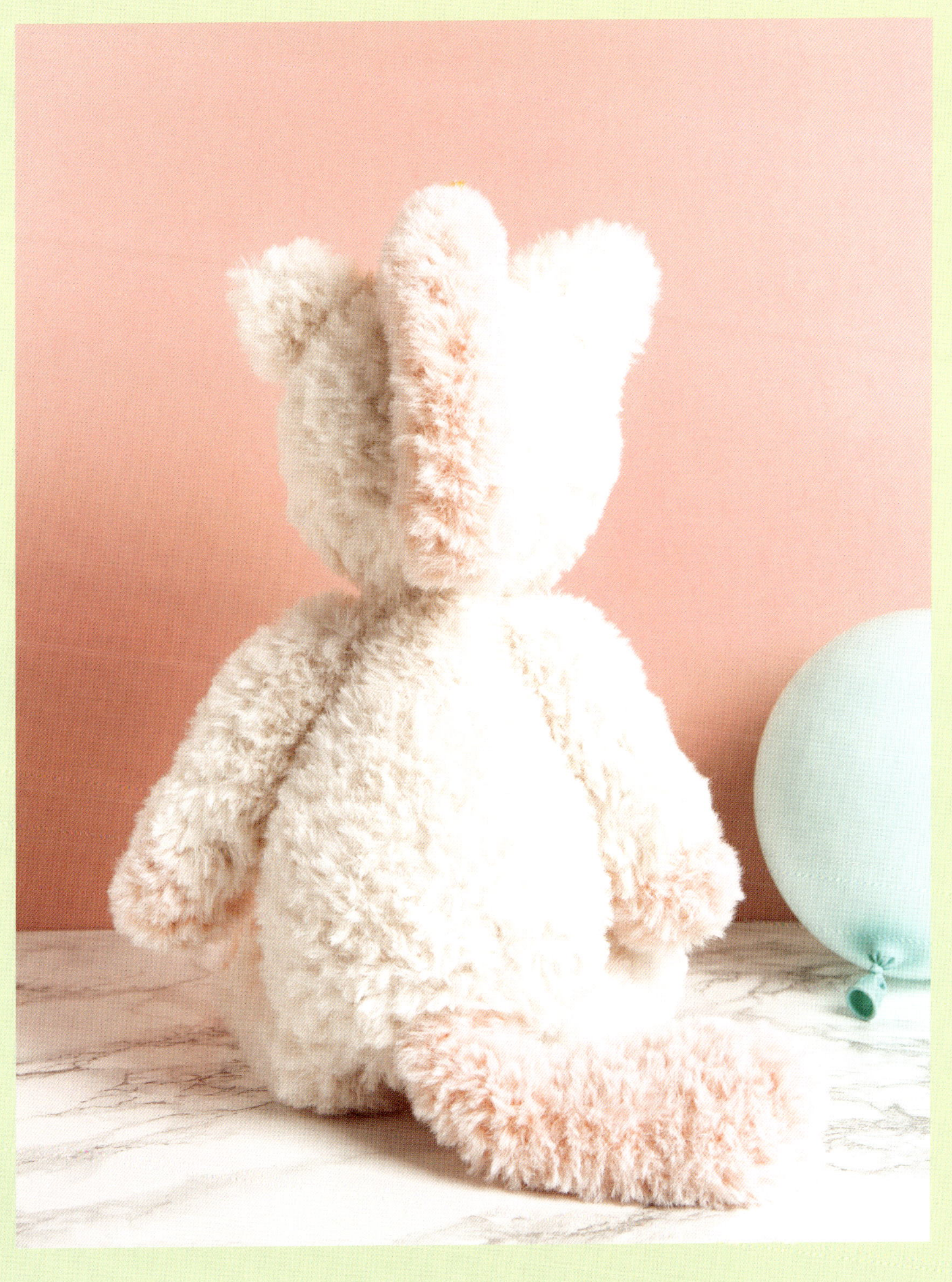

Hugo Häschen

Hugo Häschen erinnert mich an ein Hasenplüschtier, das ich als kleines Mädchen hatte. Es war mein ständiger Begleiter. Hugo ist ein tolles erstes Projekt, um das Häkeln mit Fellgarn auszuprobieren, da kein Garnwechsel nötig ist und die Maße der Maschenprobe nicht eingehalten werden müssen. Alle Teile für Hugo werden separat gehäkelt und dann zusammengenäht.

Schwierigkeit: 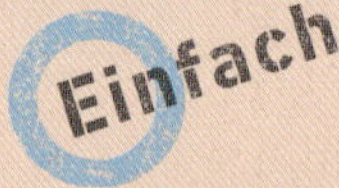

Größe

Etwa 42 cm hoch

Maschenprobe

Runden 1–3 des Kopfes = 5 cm Durchmesser

Material

- 6 mm Häkelnadel
- WeCrochet Fable Fur (100 % Polyester, Stärke „Super Chunky", 100 g, 65 m):
  - 2 Knäuel (etwa 119 m), Breccia (Farbe A)
  - 1 Knäuel (etwa 9 m), Eisbar (Farbe B)
- WeCrochet Brava Worsted (100 % Premium Acryl, Stärke „Aran", 100 g, 199 m):
  - 1 Knäuel (etwa 1 m), Blush (Farbe C)
  - 1 Knäuel (etwa 76 cm), White (Farbe D)
- zwei schwarze Sicherheitsaugen mit 20 mm Durchmesser
- Füllwatte
- Wollnadel
- Schere
- Maschenmarkierer

(Zu den Garnen siehe Hinweis auf S. 12.)

Anmerkungen

- Für das Gelingen dieses Projekts ist es nicht notwendig, die Maße der Maschenprobe einzuhalten, sofern die Maschengröße während der gesamten Arbeit konstant bleibt und keine Löcher entstehen, durch die die Füllwatte durchscheint. Allerdings kann die Abweichung Auswirkungen auf die benötigte Garnmenge haben.
- Alle Einzelteile für dieses Projekt – mit Ausnahme der Ohren – werden in Spiralrunden gearbeitet. Die erste Masche der Runde wird mit einem Maschenmarkierer gekennzeichnet, der zu Beginn jeder neuen Runde versetzt wird. Die Enden der Runden nicht zusätzlich mithilfe einer Kettmasche verbinden.

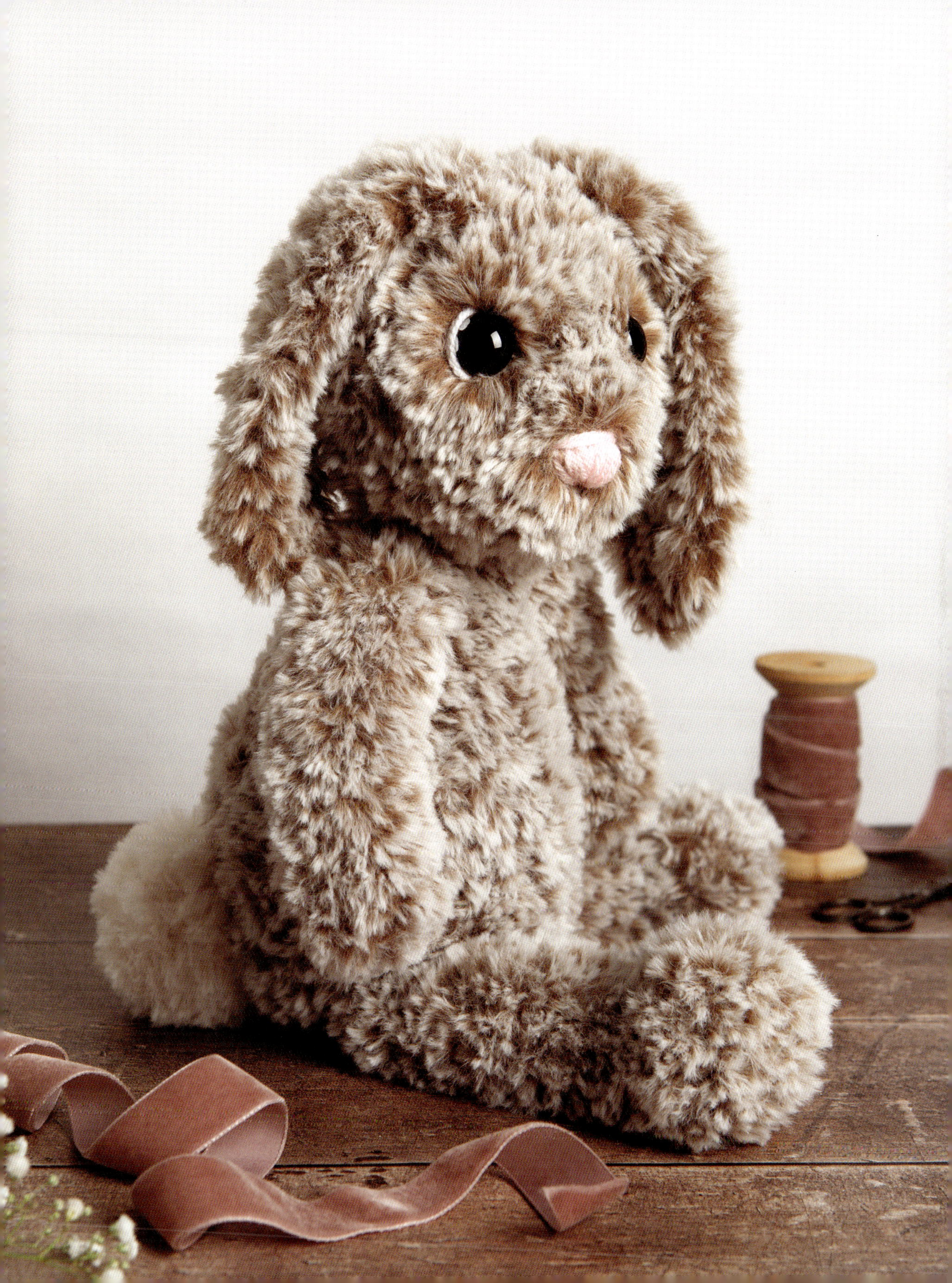

Anleitung

Der Kopf

Runde 1: mit Garn A einen Fr machen und 6 fM in den Fr häkeln (6 M).
Runde 2: (fM zun) sechsmal (12 M).
Runde 3: fM in jede M der Vorrunde (12 M).
Maschenprobe: Die Arbeit sollte jetzt einen Durchmesser von 5 cm haben.
Runde 4: 2 fM, fM zun, fM, (fM zun) viermal, fM, fM zun, 2 fM (18 M).
Runde 5: fM, fM zun, 5 fM, (fM zun) viermal, 5 fM, fM zun, fM (24 M).
Runden 6–10: fM in jede M der Vorrunde (24 M). Sicherheitsaugen in Masche 9 und 17 von Runde 5 anbringen (siehe „Garnreste als Platzhalter für Sicherheitsaugen einsetzen" auf Seite 31).
Runde 11: fM, fM abn, (2 fM, fM abn) fünfmal, fM (18 M). Mit dem Ausstopfen beginnen. Während des Häkelns nach und nach mehr Füllwatte hinzufügen. Fest ausstopfen.
Runde 12: fM in jede M der Vorrunde (18 M).
Runde 13: (fM, fM abn) sechsmal (12 M).
Runde 14: (fM abn) sechsmal (6 M).
Die Häkelarbeit beenden und ein 15–20 cm langes Fadenende übrig lassen. Mit dem Fadenende das Loch zunähen. Die Fadenenden vernähen. Für später zur Seite legen.

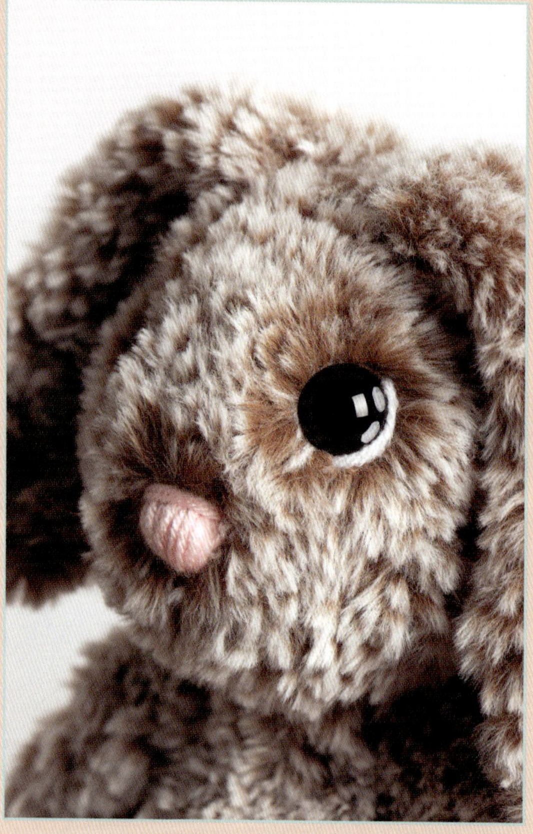

Die Ohren (zweimal häkeln)

In Reihen arbeiten.
Reihe 1: mit Garn A, einen Fr machen und 3 fM in den Fr häkeln (3 M).
Reihe 2: 1 Lm und wenden. fM zun, fM, fM zun (5 M).
Reihen 3–16: 1 Lm und wenden. fM in jede M der Reihe (5 M).
Reihe 17: 1 Lm und wenden. fM abn, fM, fM abn (3 M).
Die Häkelarbeit beenden und ein langes Fadenende zum Annähen übrig lassen.
Für später zur Seite legen.

Der Körper

Runde 1: mit Garn A einen Fr machen und 6 fM in den Fr häkeln (6 M).
Runde 2: (fM zun) sechsmal (12 M).
Runde 3: (fM, fM zun) sechsmal (18 M).
Runde 4: fM, fM zun, (2 fM, fM zun) fünfmal, fM (24 M).
Runden 5–11: fM in jede M der Vorrunde (24 M). Mit dem Ausstopfen beginnen. Während des Häkelns nach und nach mehr Füllwatte hinzufügen. Fest ausstopfen.
Runde 12: (6 fM, fM abn) dreimal (21 M).
Runde 13: fM in jede M der Vorrunde (21 M).

Runde 14: (5 fM, fM abn) dreimal (18 M).
Runde 15: fM in jede M der Vorrunde (18 M).
Runde 16: (4 fM, fM abn) dreimal (15 M).
Runde 17: fM in jede M der Vorrunde (15 M).
Runde 18: (3 fM, fM abn) dreimal (12 M).
Runden 19–21: fM in jede M der Vorrunde (12 M).
Die Häkelarbeit beenden und ein Fadenende übrig lassen, das lang genug ist, um den Körper an den Kopf zu nähen. Für später zur Seite legen.

Die Arme (zweimal häkeln)

Runde 1: mit Garn A einen Fr machen und 6 fM in den Fr häkeln (6 M).
Runde 2: (2 fM, fM zun) zweimal (8 M).
Runden 3–15: fM in jede M der Vorrunde (8 M). Mit dem Ausstopfen beginnen. Während des Häkelns nach und nach mehr Füllwatte hinzufügen. Fest ausstopfen.
Die Häkelarbeit beenden und ein Fadenende übrig lassen, das lang genug ist, um den Arm an den Körper zu nähen. Für später zur Seite legen.

Die Beine (zweimal häkeln)

Runde 1: mit Garn A einen Fr machen und 6 fM in den Fr häkeln (6 M).
Runde 2: (fM zun) sechsmal (12 M).
Runden 3 und 4: fM in jede M der Vorrunde (12 M).
Runde 5: (fM abn) dreimal, 6 fM (9 M).
Runde 6: fM abn, 7 fM (8 M). Mit dem Ausstopfen beginnen. Während des Häkelns nach und nach mehr Füllwatte hinzufügen. Fest ausstopfen.
Runden 7–17: fM in jede M der Vorrunde (8 M).
Die Häkelarbeit beenden und ein Fadenende übrig lassen, das lang genug ist, um das Bein an den Körper zu nähen. Für später zur Seite legen.

Der Schwanz

Runde 1: mit Garn B einen Fr machen und 6 fM in den Fr häkeln (6 M).
Runde 2: (fM zun) sechsmal (12 M).
Runde 3: (5 fM, fM zun) zweimal (14 M).
Runden 4–6: fM in jede M der Vorrunde (14 M).
Runde 7: (5 fM, fM abn) zweimal (12 M). Mit dem Ausstopfen beginnen. Während des Häkelns nach und nach mehr Füllwatte hinzufügen. Fest ausstopfen.
Runde 8: (fM abn) sechsmal (6 M).
Die Häkelarbeit beenden und ein Fadenende übrig lassen, das lang genug ist, um den Schwanz an den Körper zu nähen. Für später zur Seite legen.

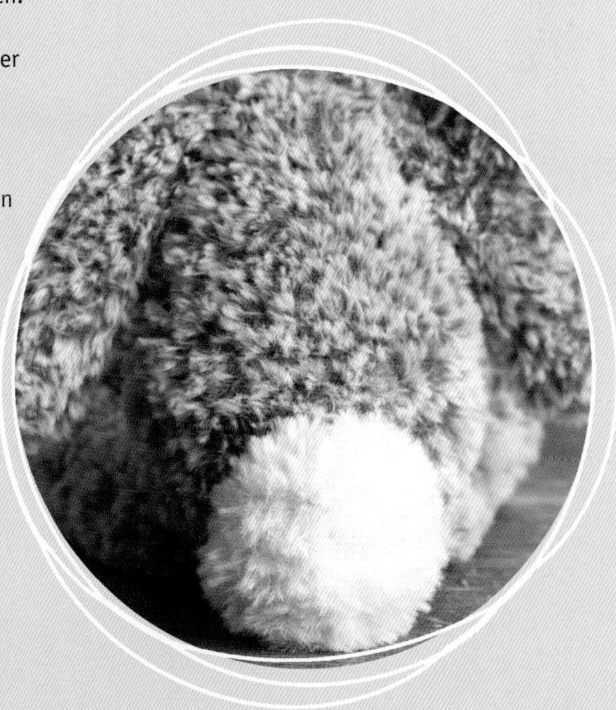

Zusammennähen

1. Den Kopf mit dem Fadenende an den Körper nähen, dabei noch zusätzliche Füllwatte hinzufügen.
2. Die Ohren mit den Fadenenden an den Kopf des Häschens nähen.
3. Die Beine mit dem Fadenende unten am Körper annähen.
4. Mit den Fadenenden die Arme an beiden Seiten des Körpers annähen, die offene Oberkante des Arms direkt unterhalb der Stelle platzieren, an der der Kopf mit dem Körper vernäht ist.
5. Den Schwanz mit dem Fadenende unten an der Rückseite des Körpers annähen.
6. Die Fadenenden vernähen.

Fertigstellen

1. Einen etwa 76 cm langen Faden aus Garn D zuschneiden und auf eine Wollnadel fädeln. Die Augen mit einem weißen Detail versehen, dazu die Anweisungen auf Seite 29 zur Variante 2 der Augen-Stickerei befolgen. Beenden und die Fadenenden vernähen.
2. Mit einem 102 cm langen Faden aus Garn C eine dreieckige Nase auf das Gesicht sticken. Die beiden Bilder unten dienen zur Orientierung. Mit der Spitze der Wollnadel die Fellfasern rund um die fertige Nase auflockern. Wenn nötig, das Fell rund um Nase und Augen zurückschneiden.

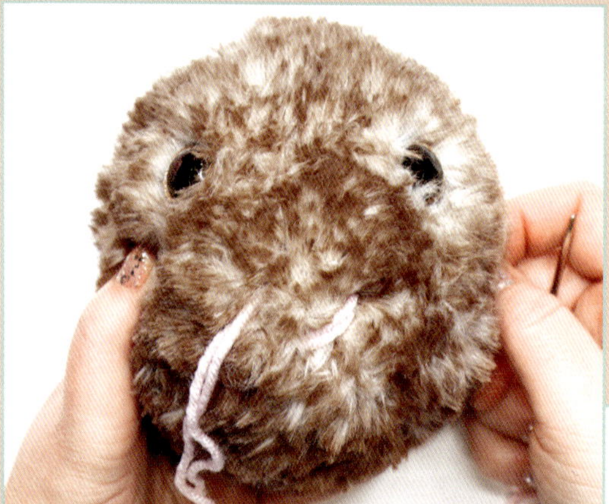

Auf diesen beiden Bildern zeige ich Ihnen, wie Sie die Nase des Häschens aufsticken. Nehmen Sie sich Zeit für das Sticken der Nase. Überstehende Fellfasern können Sie anschließend zurückschneiden.

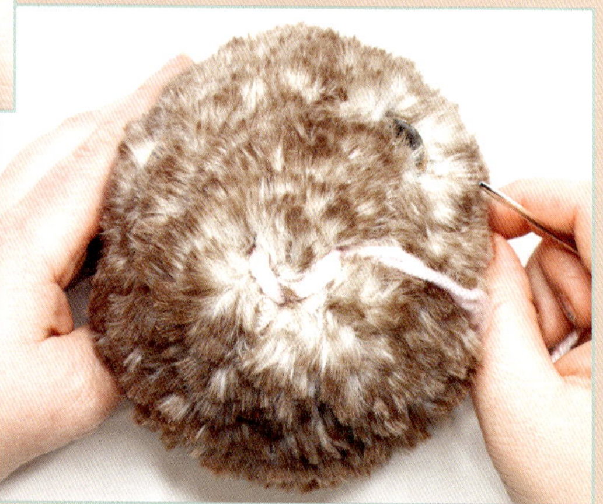

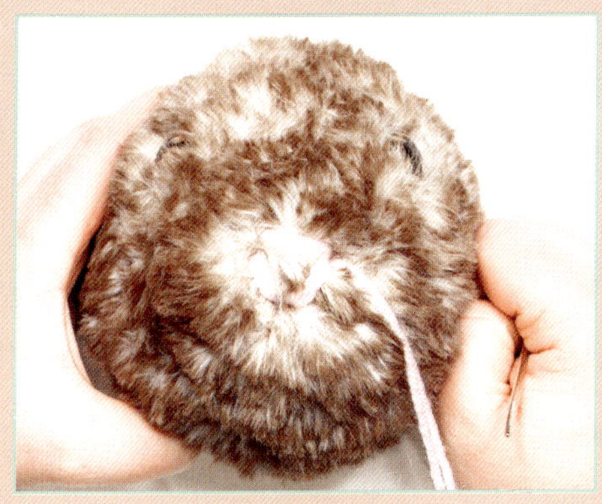
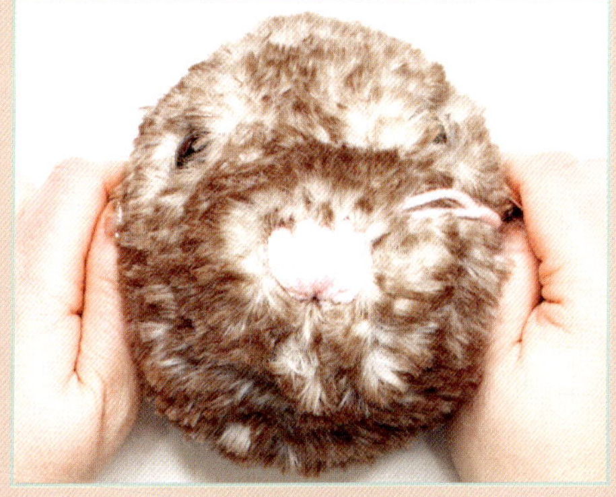
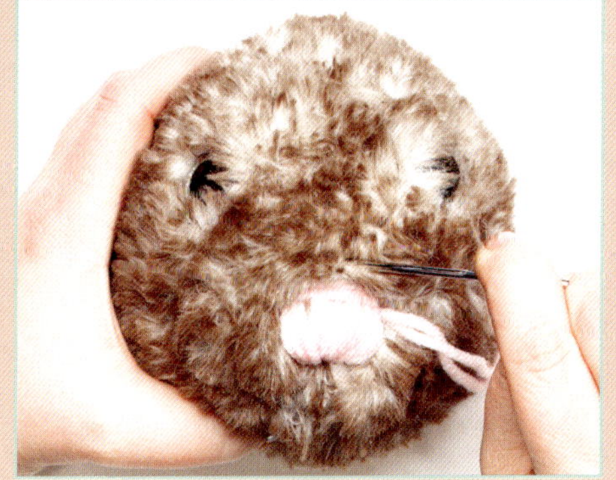
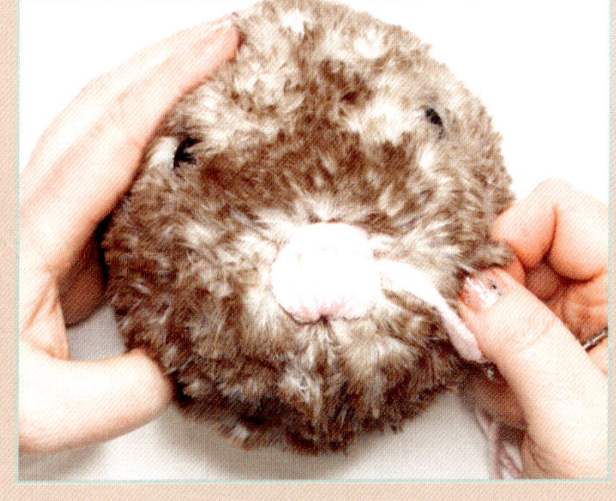
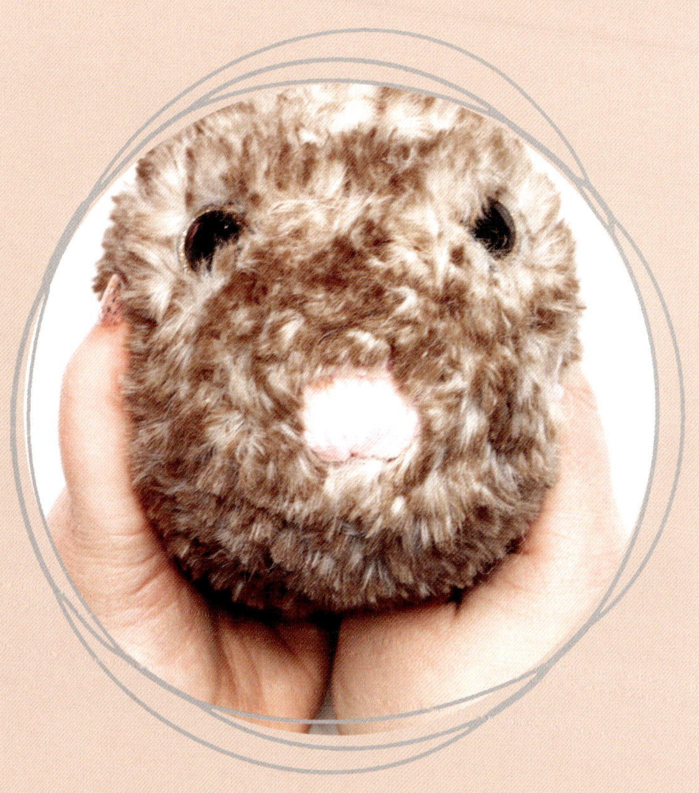

Pierre Pinguin

Pierre Pinguin ist ein kleiner süßer Kerl, dessen Größe ihn zum perfekten Begleiter für unterwegs macht. Ich empfehle dringend, für dieses Projekt Stecknadeln zur Hilfe zu nehmen, um damit den weißen Bauchaufnäher während des Annähens an der richtigen Stelle zu fixieren. Der Kopf und der Körper dieses Plüschtiers werden an einem Stück gehäkelt, die restlichen Teile werden separat gehäkelt und angenäht.

Schwierigkeit:

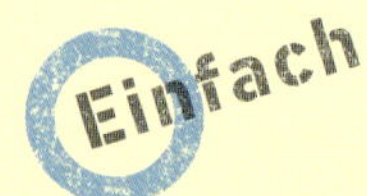

Größe

Etwa 19 cm hoch

Maschenprobe

- Maschenprobe mit Fellgarn: Runden 1–3 des Körpers = 7 cm Durchmesser
- Maschenprobe mit Garn der Stärke „Aran“ und einer 3,5 mm Häkelnadel (in Spiralrunden gearbeitet) = 3 cm Durchmesser:
  Runde 1: einen Fr machen und 6 fM in den Fr häkeln (6 M).
  Runde 2: (fM zun) sechsmal (12 M).
  Runde 3: (fM, fM zun) sechsmal (18 M).

Material

- 3,5 mm Häkelnadel
- 5,5 mm Häkelnadel
- WeCrochet Fable Fur (100 % Polyester, Stärke „Super Chunky“, 100 g, 65 m):
  - 1 Knäuel (etwa 65 m), Corvo (Farbe A)
  - 1 Knäuel (etwa 47 m), Eisbar (Farbe B)
- WeCrochet Brava Worsted (100 % Premium Acryl, Stärke „Aran“, 100 g, 199 m):
  - 1 Knäuel (etwa 20 m), Canary (Farbe C)
- zwei blaue Sicherheitsaugen mit 18 mm Durchmesser
- Füllwatte
- Wollnadel
- Schere
- mehrere Maschenmarkierer
- Stecknadeln

(Zu den Garnen siehe Hinweis auf S. 12.)

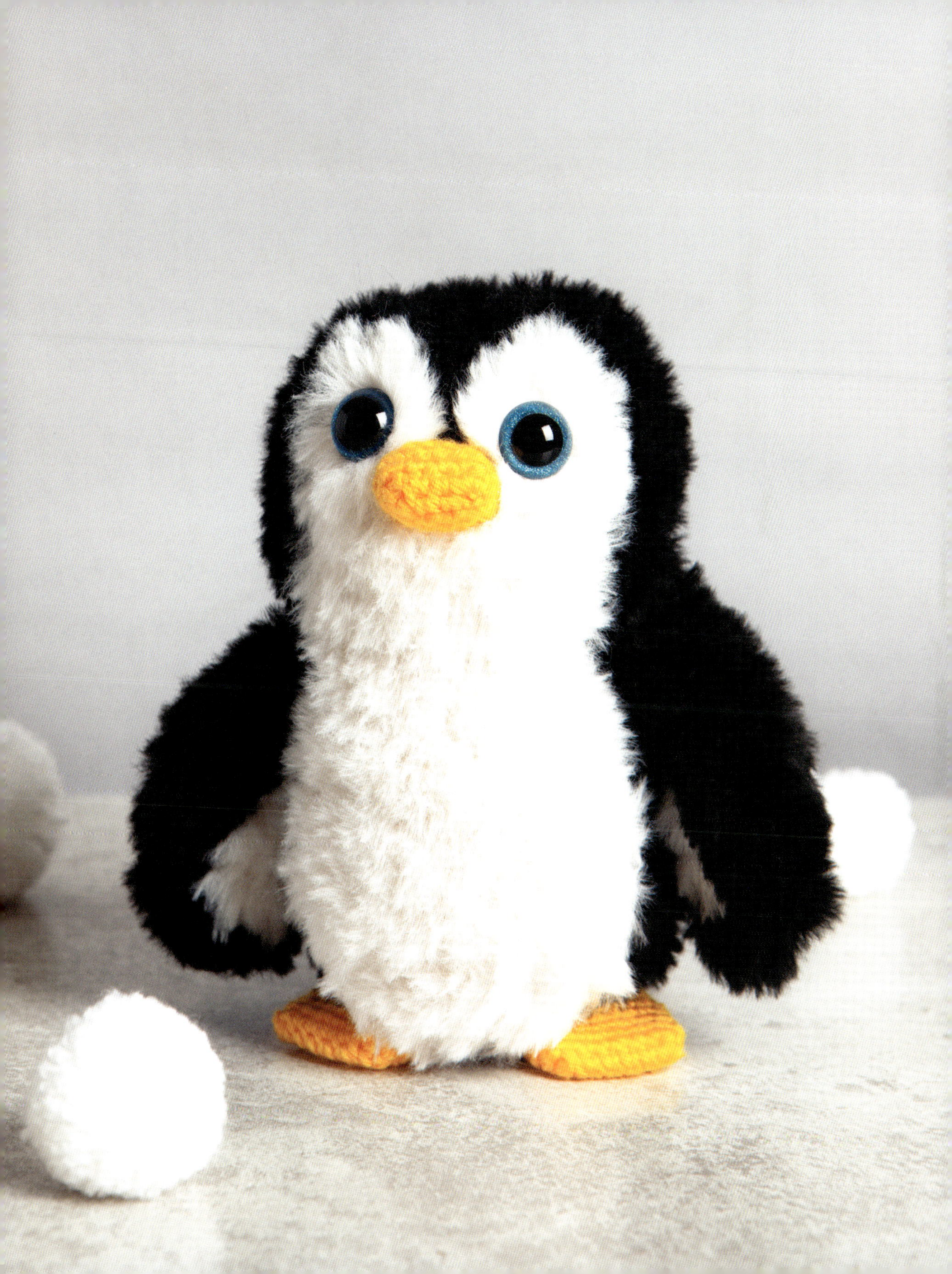

Anmerkungen

- Sie können dieses Plüschtier häkeln, ohne die Maße der Maschenprobe einzuhalten. Allerdings kann es dann passieren, dass Schnabel und Füße nicht die passende Größe bekommen. Ich empfehle sehr, sich bei diesem Projekt die Zeit für eine Maschenprobe zu nehmen.
- Körper und Kopf, Schnabel und Füße werden in Spiralrunden gearbeitet. Die Enden der Runden nicht zusätzlich mithilfe einer Kettmasche verbinden – es sei denn, es ist ausdrücklich angegeben. Die erste Masche der Runde wird mit einem Maschenmarkierer markiert, der zu Beginn jeder neuen Runde versetzt wird.
- Damit die Abnahmen mit dem glatten Garn der Stärke „Aran" ordentlicher aussehen, arbeiten Sie beim Abnehmen einer festen Masche (fM abn) nicht in beide Maschenglieder, sondern nur in die vorderen Maschenglieder (siehe „Die unsichtbare Abnahme" auf Seite 17).

Anleitung

Der Kopf und der Körper

Runde 1: mit Garn A und der größeren Häkelnadel einen Fr machen und 6 fM in den Fr häkeln (6 M).
Runde 2: (fM zun) sechsmal (12 M).
Runde 3: (fM, fM zun) sechsmal (18 M).
Maschenprobe: Die Arbeit sollte jetzt einen Durchmesser von 7 cm haben.
Runden 4–9: fM in jede M der Vorrunde (18 M). Mit dem Ausstopfen beginnen. Während des Häkelns nach und nach mehr Füllwatte hinzufügen. Fest ausstopfen.
Runde 10: (fM, fM abn) sechsmal (12 M).
Runde 11: fM in jede M der Vorrunde (12 M).
Runde 12: (fM, fM zun) sechsmal (18 M).
Runden 13–18: fM in jede M der Vorrunde (18 M).
Runde 19: (fM, fM abn) sechsmal (12 M).
Runde 20: (fM abn) sechsmal (6 M).
Fertig ausstopfen. Die Häkelarbeit beenden und ein 15–20 cm langes Fadenende übrig lassen. Mit dem Fadenende das Loch zunähen. Die Fadenenden vernähen. Für später zur Seite legen.

Der Bauch und das Gesicht

In Reihen arbeiten.
Mit Garn B und der größeren Häkelnadel 5 Lm anschlagen.
Reihe 1 (reS): fM in zweite Lm von der Nadel aus und in alle folgenden Lm (4 M).
Reihe 2 (liS): 1 Lm und wenden. fM zun in erster M, fM in die nächsten 2 M, fM zun in letzter M (6 M).
Reihe 3: 1 Lm und wenden. fM zun in erster M, fM in die nächsten 4 M, fM zun in letzter M (8 M).
Reihen 4–9: 1 Lm und wenden. fM in jede M der Reihe (8 M).
Reihe 10: 1 Lm und wenden. fM abn, fM in die nächsten 4 M, fM abn (6 M).
Reihe 11: 1 Lm und wenden. fM abn, fM in die nächsten 2 M, fM abn (4 M).
Reihe 12: 1 Lm und wenden. fM zun in erster M, fM in die nächsten 2 M, fM zun in letzter M (6 M).
Reihen 13 und 14: 1 Lm und wenden. fM in jede M der Reihe (6 M). Einen Maschenmarkierer in der dritten M von Reihe 14 markieren.
Reihe 15: 1 Lm und wenden. fM in die ersten 3 M. Keine weiteren M in die restlichen M der Reihe arbeiten (3 M)
Reihe 16: 1 Lm und wenden. 3 fM zus (1 M).
Reihe 17: 1 Lm und wenden. fM (1 M).
Häkelarbeit beenden.
Reihe 18: reS zeigt nach vorne, das Garn mit einer Km in der in Reihe 14 markierten M wieder befestigen. fM in die gleiche M und in die nächsten 2 M (3 M).
Reihe 19: 1 Lm und wenden. 3 fM zus (1 M).
Reihe 20: 1 Lm und wenden. fM (1 M).
Die Häkelarbeit beenden und ein Fadenende übrig lassen, das lang genug ist, um den Aufnäher auf den Körper zu nähen. Sicherheitsaugen in der Mitte von Reihe 16 und Reihe 19 anbringen und zur Seite legen.

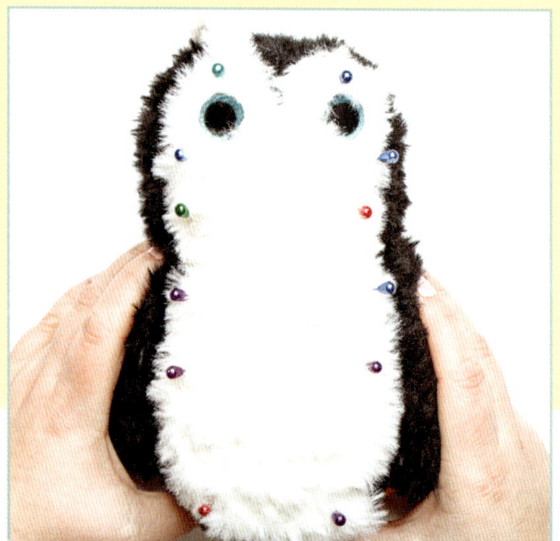

Die Flügelinnenseiten (zweimal häkeln)

In Reihen arbeiten.
Mit Garn B und der größeren Häkelnadel 2 Lm anschlagen.
Reihe 1 (reS): fM in zweite Lm von der Nadel aus (1 M).
Reihe 2 (liS): 1 Lm und wenden. 3 fM in die gleiche M (3 M).
Reihen 3–8: 1 Lm und wenden. fM in die erste M und in alle folgenden M der Reihe (3 M).
Die Häkelarbeit beenden. Die Fadenenden vernähen und für später zur Seite legen.

Die Flügelaußenseiten (zweimal häkeln)

In Reihen arbeiten.
Mit Garn A und der größeren Häkelnadel 2 Lm anschlagen.
Reihe 1 (reS): fM in zweite Lm von der Nadel aus (1 M).
Reihe 2 (liS): 1 Lm und wenden. 3 fM in die gleiche M (3 M).
Reihen 3–8: 1 Lm und wenden. fM in die erste M und in alle folgenden M der Reihe (3 M).
Reihe 9: die reS einer Flügelinnenseite auf die reS einer Flügelaußenseite legen. 1 Lm anschlagen und entlang der langen Kante des Flügels je 1 fM in das Ende jeder Reihe häkeln, dabei durch beide Lagen arbeiten. 3 fM in das Ende von Reihe 1 häkeln (an der Spitze des Flügels) und entlang der zweiten langen Kante auf der anderen Seite fM nach oben arbeiten.
Die Häkelarbeit beenden und ein Fadenende übrig lassen, das lang genug ist, um den Flügel an den Körper zu nähen. Für später zur Seite legen.

Der Schnabel

Mit Garn C und der kleineren Häkelnadel 5 Lm anschlagen.
Runde 1: fM zun in zweiter Lm von der Nadel aus, fM in die nächsten 2 M, 3 fM in die letzte Lm. Auf der anderen Seite der Luftmaschenkette: fM in die letzten 3 M (10 M).
Runde 2: fM, fM zun, 2 fM, fM zun, fM, fM zun, 2 fM, fM zun (14 M).
Runden 3 und 4: fM in jede M der Vorrunde (14 M).
Die letzte M mithilfe einer Km mit der ersten M verbinden. Die Häkelarbeit beenden und ein langes Fadenende übrig lassen, um den Schnabel an den Kopf zu nähen. Für später zur Seite legen.

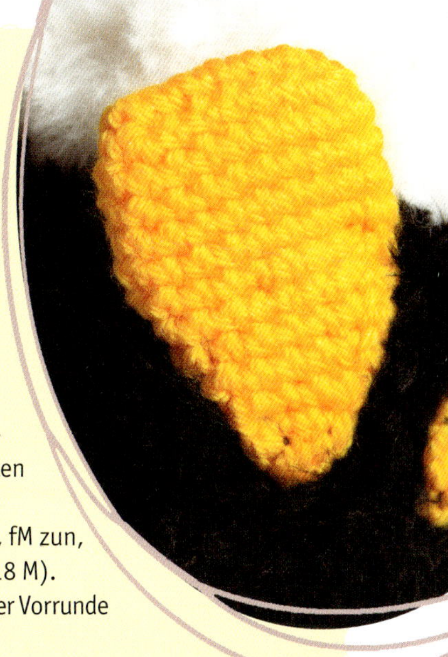

Die Füße (zweimal häkeln)

Mit Garn C und der kleineren Häkelnadel 7 Lm anschlagen.
Runde 1: fM zun in zweiter Lm von der Nadel aus, fM in die nächsten 4 M, 3 fM in die letzte Lm. Auf der anderen Seite der Luftmaschenkette: fM in die letzten 5 M (14 M).
Runde 2: fM, fM zun, 4 fM, fM zun, fM, fM zun, 4 fM, fM zun (18 M).
Runden 3–6: fM in jede M der Vorrunde (18 M).
Runde 7: (fM abn, 7 fM) zweimal (16 M).
Runde 8: (fM abn, 6 fM) zweimal (14 M).
Runde 9: (fM abn, 5 fM) zweimal (12 M).
Runde 10: (fM abn, 4 fM) zweimal (10 M).
Runde 11: (fM abn, 3 fM) zweimal (8 M).
Runde 12: (fM abn, 2 fM) zweimal (6 M).
Die Häkelarbeit beenden und ein mindestens 38 cm langes Fadenende übrig lassen. Fuß glatt streichen. Nicht ausstopfen! Fadenende auf eine Wollnadel fädeln, durch die vMg von Runde 12 führen und zusammenziehen. Häkelarbeit nicht beenden. Das restliche Fadenende kommt noch zum Einsatz, um die Füße an den Körper zu nähen. Für später zur Seite legen.

Zusammennähen

1. Den Aufnäher für Bauch und Gesicht auf dem Körper platzieren (siehe Bild Seite 74). Den Aufnäher mit dem Fadenende entlang der Außenkante festnähen.
2. Mit den Fadenenden die Flügel direkt unterhalb der Verjüngung des Halses an beiden Körperseiten annähen, weiße Seiten zeigen zum Körper.
3. Den Schnabel locker ausstopfen und mit dem Fadenende an den Kopf nähen.
4. Die Füße mit den Fadenenden von unten an den Körper nähen, sodass sie vorne unter dem Körper herausschauen (das breite Ende zeigt nach vorne).
5. Die Fadenenden vernähen.

Ernie Eule

Eulen sind meine Lieblingstiere, deshalb wollte ich unbedingt eine für dieses Buch machen! Ernies Körper wird an einem Stück gehäkelt und Flügel, Schnabel und Füße werden separat gearbeitet und an den Körper genäht. Wenn Sie auf Nummer sicher gehen möchten, dass alle Einzelteile perfekt zusammenpassen, sollten Sie die Maße der Maschenprobe einhalten, wenn es Ihnen jedoch nichts ausmacht, wenn Schnabel und Füße etwas größer oder kleiner geraten, müssen Sie sich nicht unbedingt an die Maße halten.

Schwierigkeit: 

Größe

Etwa 18 cm hoch

Maschenprobe

Runden 1–4 des Kopfes = 7 cm Durchmesser

Material

- 3,5 mm Häkelnadel
- 5,5 mm Häkelnadel
- Lion Brand Go For Faux (100 % Polyester, Stärke „Super Chunky“, 100 g, 59 m):
  - 1 Knäuel (etwa 45 m), Pomeranian (Farbe A)
- Lion Brand Skein Tones (100 % Acryl, Stärke „Aran“, 100 g, 170 m):
  - 1 Knäuel (etwa 8 m), Truffle (Farbe B)
- zwei champagnerfarbige Sicherheitsaugen mit 24 mm Durchmesser
- Füllwatte
- Wollnadel
- Schere
- Maschenmarkierer

(Zu den Garnen siehe Hinweis auf S. 12.)

Anmerkungen

- Sie können dieses Plüschtier häkeln, ohne die Maße der Maschenprobe einzuhalten. Allerdings kann es dann passieren, dass der Schnabel und die Füße nicht die passende Größe haben. Ich empfehle sehr, sich bei diesem Projekt die Zeit für eine Maschenprobe zu nehmen.
- Der Kopf und der Körper werden in Spiralrunden gearbeitet. Die Enden der Runden nicht zusätzlich mithilfe einer Kettmasche verbinden – es sei denn, es ist ausdrücklich angegeben. Die erste Masche der Runde wird mit einem Maschenmarkierer markiert, der zu Beginn jeder neuen Runde versetzt wird.
- Schnabel, Füße und Flügel werden in Reihen gearbeitet.

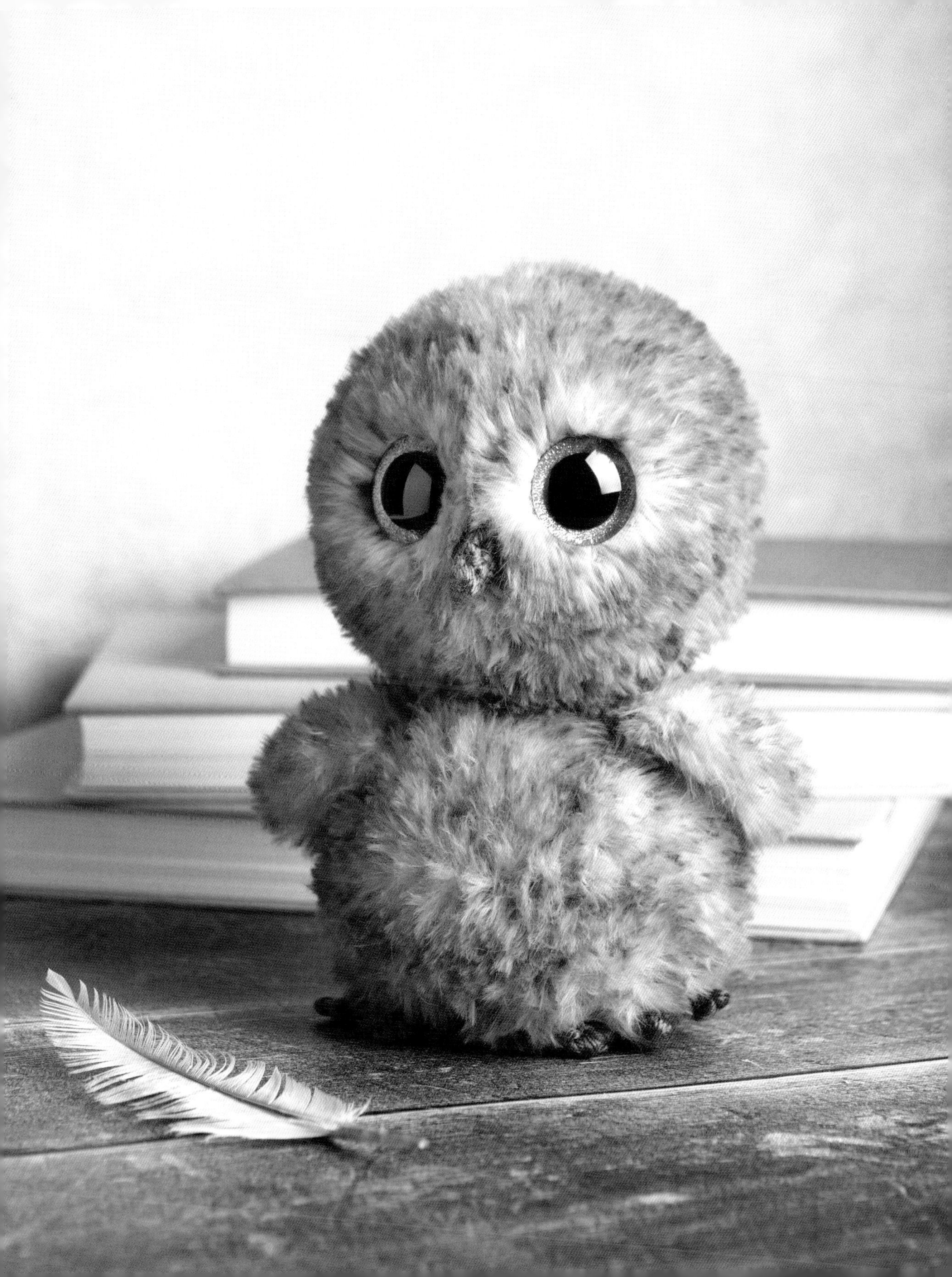

Anleitung

Der Kopf und der Körper

Runde 1: mit Garn A und der größeren Häkelnadel einen Fr machen und 6 fM in den Fr häkeln (6 M).
Runde 2: (fM zun) sechsmal (12 M).
Runde 3: (fM, fM zun) sechsmal (18 M).
Runde 4: fM, fM zun, (2 fM, fM zun) fünfmal, fM (24 M).
Maschenprobe: Die Arbeit sollte jetzt einen Durchmesser von 7 cm haben.
Runden 5–10: fM in jede M der Vorrunde (24 M). Sicherheitsaugen in Runde 7 mit 3 M Abstand anbringen (siehe „Garnreste als Platzhalter für Sicherheitsaugen einsetzen" auf Seite 31).
Runde 11: fM, fM abn, (2 fM, fM abn) fünfmal, fM (18 M). Mit dem Ausstopfen beginnen. Während des Häkelns nach und nach mehr Füllwatte hinzufügen. Fest ausstopfen.
Runde 12: (fM, fM abn) sechsmal (12 M).
Runde 13: (fM abn) sechsmal (6 M).
Runde 14: (fM zun) sechsmal (12 M).
Runde 15: (fM, fM zun) sechsmal (18 M).
Runde 16: fM, fM zun, (2 fM, fM zun) fünfmal, fM (24 M).
Runden 17–20: fM in jede M der Vorrunde (24 M).
Runde 21: fM, fM abn, (2 fM, fM abn) fünfmal, fM (18 M).
Runde 22: (fM, fM abn) sechsmal (12 M).
Runde 23: (fM abn) sechsmal (6 M).
Die Häkelarbeit beenden und ein 15–20 cm langes Fadenende übrig lassen. Mit dem Fadenende das Loch zunähen. Die Fadenenden vernähen. Für später zur Seite legen.

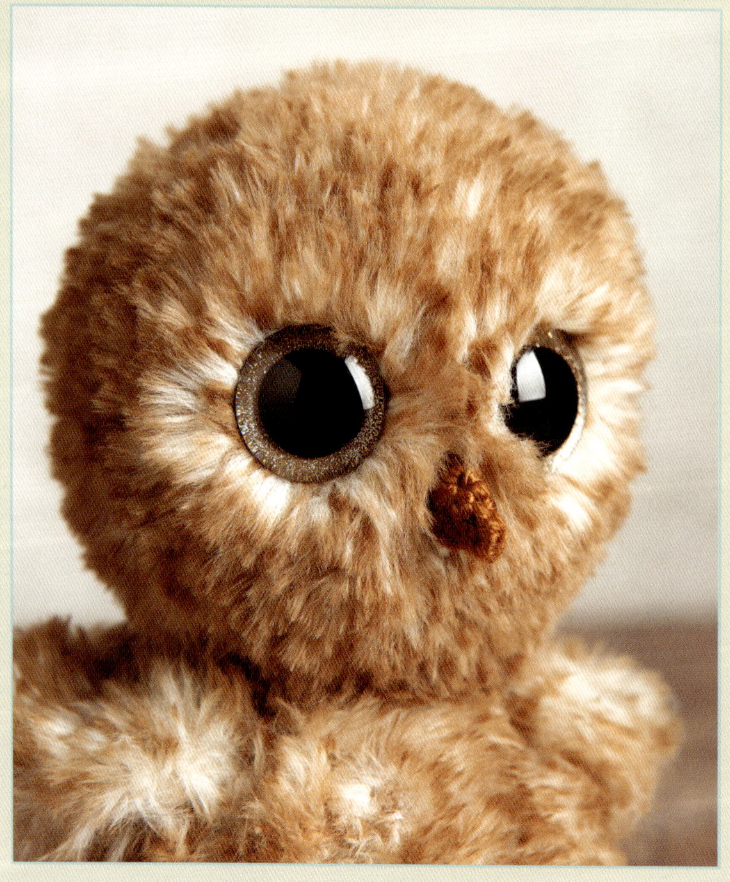

Die Flügel (zweimal häkeln)

In Reihen arbeiten.
Mit Garn A und der größeren Häkelnadel 2 Lm anschlagen.
Reihe 1: 6 fM in zweite Lm von der Nadel aus (6 M).
Reihe 2: 1 Lm und wenden. (fM zun) sechsmal (12 M).
Die Häkelarbeit beenden und ein langes Fadenende zum Annähen übrig lassen. Für später zur Seite legen.

Der Schnabel

In Reihen arbeiten.
Reihe 1: mit Garn B und der kleineren Häkelnadel einen Fr machen und 3 fM in den Fr häkeln (3 M).
Reihe 2: 1 Lm und wenden. fM, fM zun, fM (4 M).
Reihe 3: 1 Lm und wenden. fM, (fM zun) zweimal (6 M).
Die Häkelarbeit beenden und ein langes Fadenende zum Annähen übrig lassen. Glatt streichen und auf die Hälfte falten. Mit dem Fadenende die Enden der Reihen zusammennähen. Für später zur Seite legen.

Die Füße (zweimal häkeln)

In Reihen arbeiten.
Reihe 1: mit Garn B und der kleineren Häkelnadel einen Fr machen und 3 fM in den Fr häkeln (3 M).
Reihe 2: 1 Lm und wenden. fM in jede M der Reihe (3 M).
Reihe 3: 1 Lm und wenden. fM zun in jeder M der Reihe (6 M).
Reihe 4: 1 Lm und wenden. fM in jede M der Reihe (6 M).
Reihe 5: 6 Lm und wenden. fM in zweite Lm von der Nadel aus und in alle folgenden Lm. fM abn über der zweiten und dritten M von Reihe 4. 6 Lm, fM in zweite Lm von der Nadel aus und in alle folgenden Lm, fM abn über den nächsten 2 M von Reihe 4. 6 Lm, fM in zweite Lm von der Nadel aus und in alle folgenden Lm. Km in letzte M von Reihe 4 (dreimal 5 fM für die drei Zehen).
Die Häkelarbeit beenden und ein Fadenende übrig lassen, das lang genug ist, um den Fuß an den Körper zu nähen. Für später zur Seite legen.

Zusammennähen

1. Die Flügel mit den Fadenenden entlang der langen, geraden Kante an beiden Körperseiten festnähen, knapp unterhalb des Halses.
2. Die Füße mit den Fadenenden von unten an den Körper nähen, sodass die Zehen gerade so unter dem Körper hervorschauen.
3. Den Schnabel mit dem Fadenende auf das Gesicht der Eule nähen. Mit der Spitze der Wollnadel die Fellfasern rund um den Schnabel auflockern.
4. Die Fadenenden vernähen.

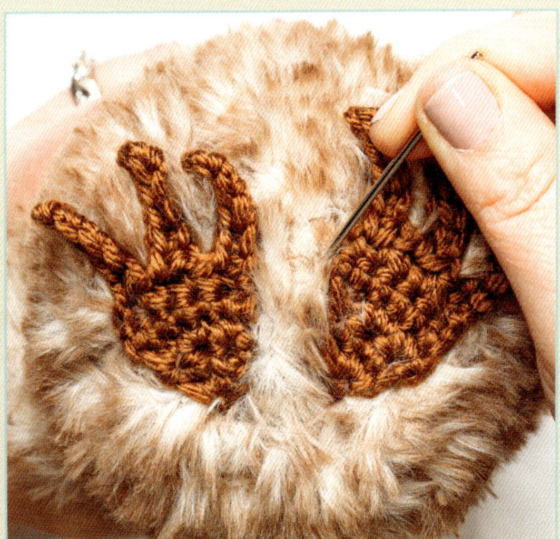

Patty Panda

Patty Panda ist aufgrund ihrer Größe eine tolle Begleiterin für unterwegs und lässt sich trotzdem noch super knuddeln. Pattys Kopf und ihr Körper werden an einem Stück gehäkelt, die restlichen Teile werden anschließend separat gehäkelt und an den Kopf und den Körper angenäht. Wenn Sie statt Patty einen Bären im Mini-Format häkeln möchten, lassen Sie die Farbwechsel in dieser Anleitung aus, häkeln Sie stattdessen in nur einer Farbe und lassen Sie die schwarzen Augenflecke weg.

Schwierigkeit:

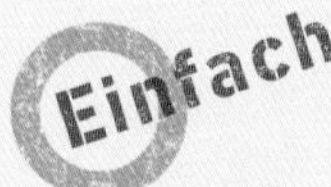

Größe

Etwa 18 cm hoch

Maschenprobe

Runden 1–3 von Kopf und Körper = 5,5 cm Durchmesser

Material

- 5,5 mm Häkelnadel
- WeCrochet Fable Fur (100 % Polyester, Stärke „Super Chunky", 100 g, 65 m):
  - 1 Knäuel (etwa 26,5 m), Eisbar (Farbe A)
  - 1 Knäuel (etwa 40 m), Corvo (Farbe B)
- zwei blaue Sicherheitsaugen mit 16 mm Durchmesser
- schwarze Sicherheitsnase in Dreiecksform mit 21 mm Durchmesser
- Füllwatte
- Wollnadel
- Schere
- Maschenmarkierer
- Stecknadeln

(Zu den Garnen siehe Hinweis auf S. 12.)

Anmerkungen

- Sie können dieses Plüschtier häkeln, ohne die Maße der Maschenprobe einzuhalten. Allerdings kann die Abweichung Auswirkungen auf die benötigte Garnmenge und die Größe des fertigen Plüschtiers haben.
- Der Kopf und der Körper, Arme und Beine werden in Spiralrunden gearbeitet. Die Enden der Runden nicht zusätzlich mithilfe einer Kettmasche verbinden – es sei denn, es ist ausdrücklich angegeben. Die erste Masche der Runde wird mit einem Maschenmarkierer markiert, der zu Beginn jeder neuen Runde versetzt wird.

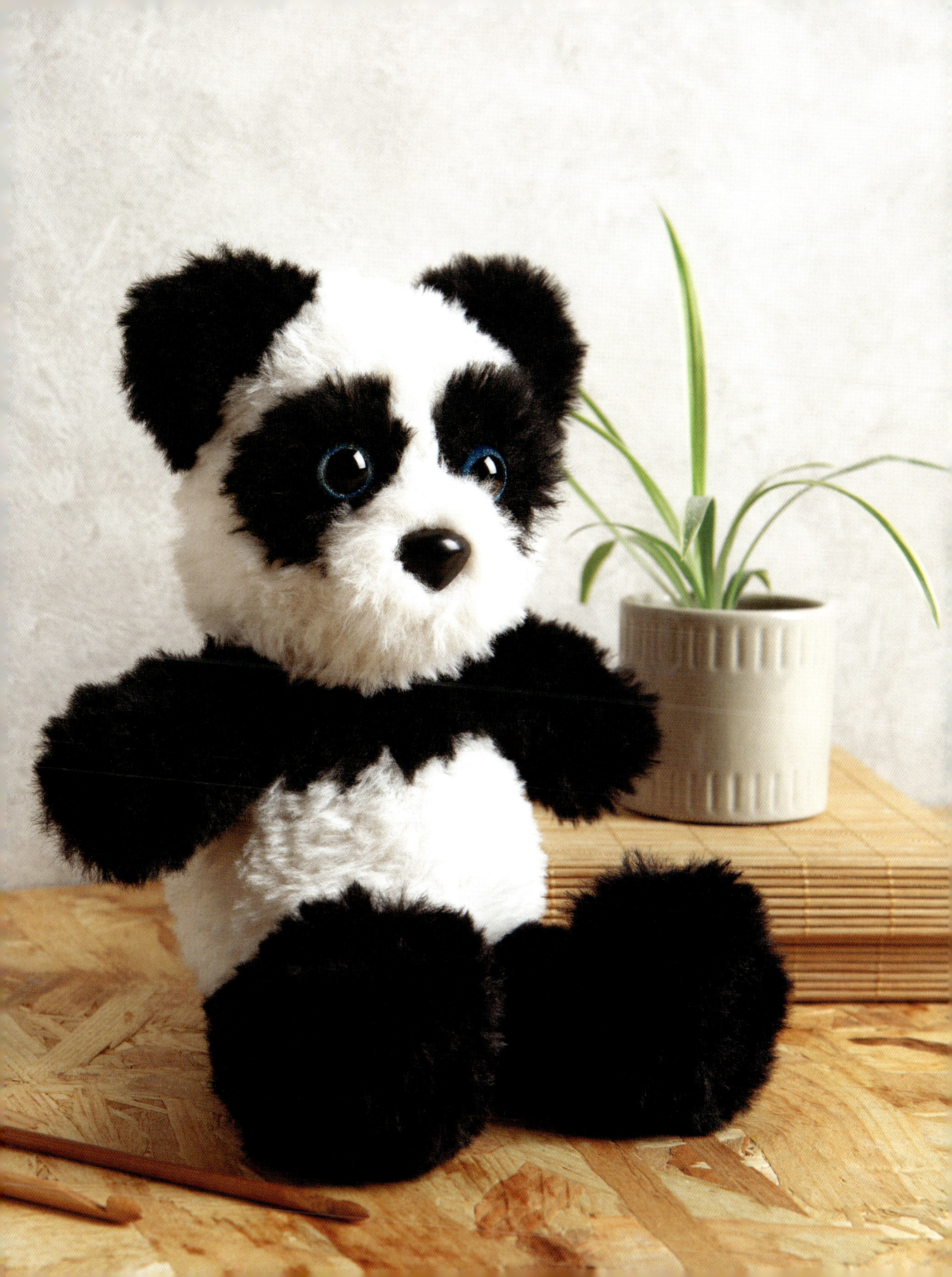

Anleitung

Der Kopf und der Körper

Runde 1: mit Garn A einen Fr machen und 6 fM in den Fr häkeln (6 M).
Runde 2: (fM zun) sechsmal (12 M).
Runde 3: (fM, fM zun) sechsmal (18 M).
Maschenprobe: Die Arbeit sollte jetzt einen Durchmesser von 5,5 cm haben.
Runden 4–7: fM in jede M der Vorrunde (18 M).
Runde 8: (fM, fM abn) sechsmal (12 M). Mit dem Ausstopfen beginnen. Während des Häkelns nach und nach mehr Füllwatte hinzufügen. Fest ausstopfen.
Runde 9: (fM abn) sechsmal (6 M).
Zu Garn B wechseln.
Runde 10: fM in jede M der Vorrunde (6 M).
Runde 11: (fM zun) sechsmal (12 M).
Runde 12: (fM, fM zun) sechsmal (18 M).
Zu Garn A wechseln.
Runden 13–17: fM in jede M der Vorrunde (18 M).
Runde 18: (fM, fM abn) sechsmal (12 M).
Runde 19: (fM abn) sechsmal (6 M).
Die Häkelarbeit beenden und ein 15–20 cm langes Fadenende übrig lassen. Mit dem Fadenende das Loch zunähen. Die Fadenenden vernähen. Für später zur Seite legen.

Die Arme (zweimal häkeln)

Runde 1: mit Garn B einen Fr machen und 6 fM in den Fr häkeln (6 M).
Runden 2–7: fM in jede M der Vorrunde (6 M).
Die Häkelarbeit beenden und ein Fadenende übrig lassen, das lang genug ist, um den Arm zu verschließen und an den Körper zu nähen. Nicht ausstopfen! Den Arm mit überwendlichen Stichen verschließen und für später zur Seite legen, das restliche Fadenende zum Annähen überstehen lassen.

Die Beine (zweimal häkeln)

Runde 1: mit Garn B einen Fr machen und 6 fM in den Fr häkeln (6 M).
Runde 2: (fM zun) sechsmal (12 M).
Runde 3: fM in jede M der Vorrunde (12 M).
Runde 4: (fM abn) dreimal, 6 fM (9 M).
Runde 5: (fM abn) dreimal, 3 fM (6 M). Mit dem Ausstopfen beginnen. Während des Häkelns nach und nach mehr Füllwatte hinzufügen. Fest ausstopfen.
Runden 6–11: fM in jede M der Vorrunde (6 M).
Die Häkelarbeit beenden und ein Fadenende übrig lassen, das lang genug ist, um das Bein zu verschließen und an den Körper zu nähen. Das Bein mit überwendlichen Stichen zunähen und für später zur Seite legen, das restliche Fadenende zum Annähen überstehen lassen.

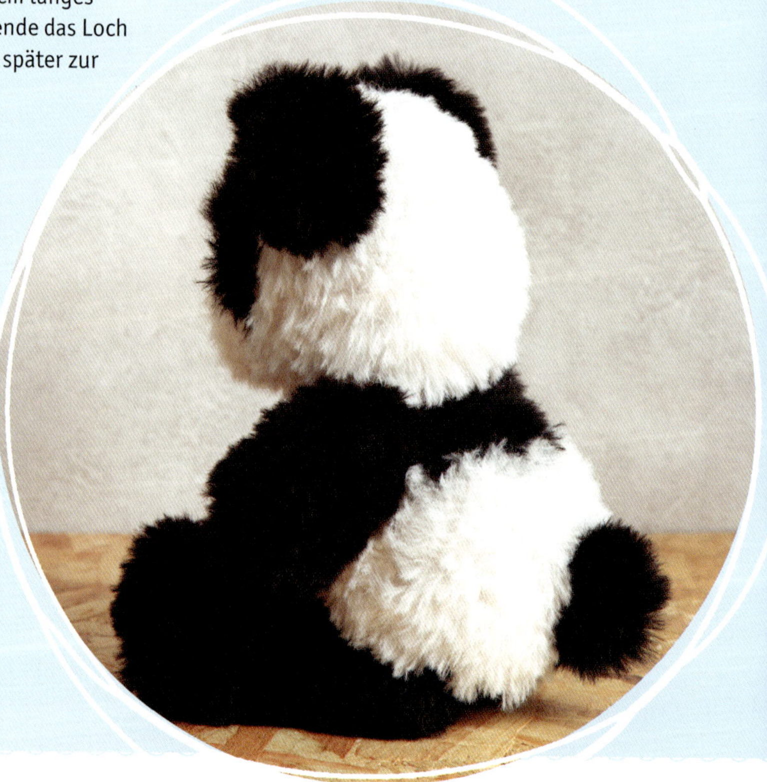

Die Ohren (zweimal häkeln)

Runde 1: mit Garn B einen Fr machen und 6 fM in den Fr häkeln (6 M).
Runden 2 und 3: fM in jede M der Vorrunde (6 M). Die letzte M mithilfe einer Km mit der ersten M verbinden. Die Häkelarbeit beenden und ein Fadenende übrig lassen, das lang genug ist, um das Ohr an den Körper zu nähen. Für später zur Seite legen.

Der Schwanz

Mit Garn B 2 Lm anschlagen.
Reihe 1: 6 fM in zweite Lm von der Nadel aus (6 M). Die Häkelarbeit beenden und ein Fadenende übrig lassen, das lang genug ist, um den Schwanz an den Körper zu nähen. Für später zur Seite legen.

Die Schnauze

Runde 1: mit Garn A einen Fr machen und 6 fM in den Fr häkeln (6 M).
Runde 2: fM in jede M der Vorrunde (6 M).
Die Häkelarbeit beenden und ein langes Fadenende zum Annähen übrig lassen. Die Sicherheitsnase in der Mitte des Fr befestigen. Für später zur Seite legen.

Die schwarzen Augenflecke (zweimal häkeln)

Mit Garn B und der 5,5 mm Häkelnadel 2 Lm anschlagen.
Reihe 1: 3 hStb und 1 Km in die zweite Lm von der Nadel aus häkeln (4 M).
Die Häkelarbeit beenden und ein langes Fadenende zum Annähen übrig lassen. Ein Sicherheitsauge in der Mitte des Augenflecks befestigen. Für später zur Seite legen.

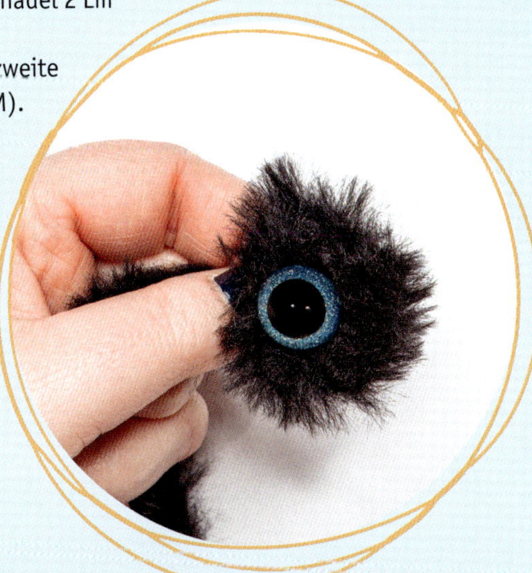

Zusammennähen

1. Die Ohren mit den Fadenenden oben an den Kopf nähen.
2. Mit den Fadenenden die Arme an beiden Seiten des Körpers annähen.
3. Die Beine mit den Fadenenden unten am Körper annähen.
4. Den Panda aufsetzen und den Schwanz so an der Rückseite des Körpers platzieren, dass er den Panda im Sitzen stabilisiert. Den Schwanz mit dem Fadenende an dieser Stelle annähen.
5. Die Augenflecke und die Schnauze mithilfe von Stecknadeln am Kopf fixieren. Die Augenflecke sind an einer Seite stärker gerundet – die Aufnäher so platzieren, dass diese Seite nach außen zeigt. Die Oberkante der Schnauze direkt unterhalb der Augenflecke positionieren.
6. Die Augenflecke mit den Fadenenden auf das Gesicht nähen.
7. Die Schnauze mit dem Fadenende an den Kopf nähen, dabei mit Füllwatte ausstopfen. Locker ausstopfen.
8. Die Fadenenden vernähen.

Frida Fledermaus

Frida Fledermaus ist süß und flauschig und kann sich in ihre Flügel einwickeln. Zunächst werden Fridas Kopf und Körper separat gehäkelt. Die beiden Flügel sind nicht identisch, sondern spiegelgleich und werden unterschiedlich gehäkelt. Anschließend wird die Schnauze gehäkelt und alle Einzelteile werden zusammengenäht. Die Maße der Maschenprobe müssen wegen der Flügel bei diesem Projekt eingehalten werden.

Schwierigkeit: 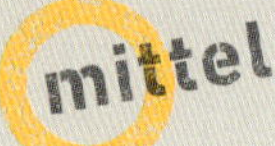

Maschenprobe

- Maschenprobe mit Fellgarn und 5,5 mm Häkelnadel: Runden 1–3 der Probe = 5,5 cm Durchmesser
- Maschenprobe mit Garn der Stärke „Aran" und 4,5 mm Häkelnadel: 6 M x 8 Reihen = 5 cm
- Maschenprobe mit Garn der Stärke „Aran" und 3,5 mm Häkelnadel: Runden 1–3 der Probe = 3 cm Durchmesser
- Maschenprobe mit Fellgarn und 5,5 mm Häkelnadel (in Spiralrunden gearbeitet):
  Runde 1: mit Fellgarn einen Fr machen und 6 fM in den Fr häkeln (6 M).
  Runde 2: (fM zun) sechsmal (12 M).
  Runde 3: (fM, fM zun) sechsmal (18 M).
- Maschenprobe mit Garn der Stärke „Aran" und 4,5 mm Häkelnadel (in Reihen gearbeitet): 22 Lm anschlagen.
  Reihe 1: fM in die zweite Lm von der Nadel aus, fM abn, 7 fM, 3 fM in die nächste Lm, fM abn, fM (21 M).
  Reihen 2–10: 1 Lm und wenden. fM, fM abn, 7 fM, 3 fM in die nächste M, 7 fM, fM abn, fM (21 M).
- Maschenprobe mit Garn der Stärke „Aran" und 3,5 mm Häkelnadel (in Spiralrunden gearbeitet):
  Runde 1: einen Fr machen und 6 fM in den Fr häkeln (6 M).
  Runde 2: (fM zun) sechsmal (12 M).
  Runde 3: (fM, fM zun) sechsmal (18 M).

Größe

Von der Spitze des Ohrs bis zum Ende des Körpers etwa 24 cm lang

Material

- 3,5 mm Häkelnadel
- 4,5 mm Häkelnadel
- 5,5 mm Häkelnadel
- WeCrochet Fable Fur (100 % Polyester, Stärke „Super Chunky", 100 g, 65 m):
  - 1 Knäuel (etwa 55 m), Corvo (Farbe A)
- WeCrochet Brava Worsted (100 % Premium Acryl, Stärke „Aran", 100 g, 199 m):
  - 1 Knäuel (etwa 76 m), Black (Farbe B)
- zwei silberne Sicherheitsaugen mit 16 mm Durchmesser
- schwarze Sicherheitsnase in Dreiecksform mit 18 mm Durchmesser
- Füllwatte
- Wollnadel
- Schere
- Maschenmarkierer

(Zu den Garnen siehe Hinweis auf S. 12.)

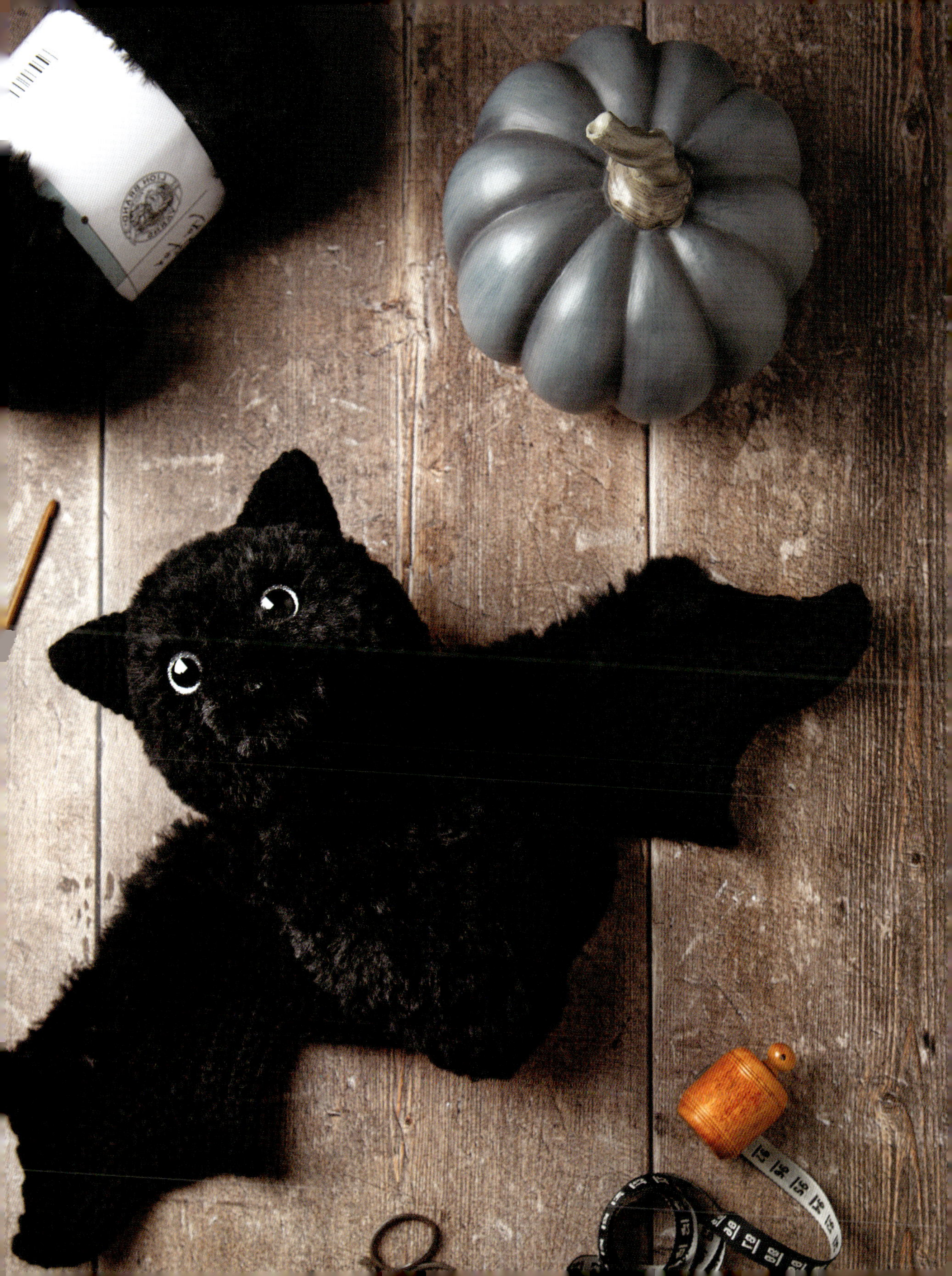

Anmerkungen

- Bei diesem Projekt ist es wichtig, die Maße der Maschenprobe einzuhalten, damit die Einzelteile richtig zusammenpassen. Nehmen Sie sich Zeit für eine Maschenprobe, bevor Sie dieses Projekt beginnen.
- Körper, Kopf, Ohren und Schnauze werden in Spiralrunden gearbeitet. Die erste Masche der Runde wird mit einem Maschenmarkierer markiert, der zu Beginn jeder neuen Runde versetzt wird. Die Enden der Runden nicht zusätzlich mithilfe einer Kettmasche verbinden – es sei denn, es ist ausdrücklich angegeben.
- Die Flügel werden von der Unterkante aufwärts in Reihen gearbeitet.

Anleitung

Kopf

Runde 1: mit Garn A und der 5,5 mm Häkelnadel einen Fr machen und 6 fM in den Fr häkeln (6 M).
Runden 2 und 3: fM in jede M der Vorrunde (6 M).
Runde 4: (fM zun) sechsmal (12 M).
Runde 5: (fM, fM zun) sechsmal (18 M). Sicherheitsaugen in Runde 5 mit 4 M Abstand anbringen (siehe „Garnreste als Platzhalter für Sicherheitsaugen einsetzen" auf Seite 31).
Runde 6: fM, fM zun, (2 fM, fM zun) fünfmal, fM (24 M).
Runden 7–12: fM in jede M der Vorrunde (24 M).
Runde 13: fM, fM abn, (2 fM, fM abn) fünfmal, fM (18 M). Mit dem Ausstopfen beginnen. Während des Häkelns nach und nach mehr Füllwatte hinzufügen. Fest ausstopfen.
Runde 14: (fM, fM abn) sechsmal (12 M).
Runde 15: (fM abn) sechsmal (6 M).
Die Häkelarbeit beenden und ein 15–20 cm langes Fadenende übrig lassen. Mit dem Fadenende das Loch zunähen. Die Fadenenden vernähen. Für später zur Seite legen.

Der Körper

Runde 1: mit Garn A und der 5,5 mm Häkelnadel einen Fr machen und 6 fM in den Fr häkeln (6 M).
Runde 2: (fM zun) sechsmal (12 M).
Runde 3: fM in jede M der Vorrunde (12 M).
Runde 4: (fM zun, 5 fM) zweimal (14 M).
Runde 5: fM in jede M der Vorrunde (14 M).
Runde 6: 3 fM, fM zun, 6 fM, fM zun, 3 fM (16 M).
Runde 7: fM in jede M der Vorrunde (16 M).
Runde 8: (fM zun, 7 fM) zweimal (18 M).
Runden 9–15: fM in jede M der Vorrunde (18 M).
Runde 16: (fM, fM abn) sechsmal (12 M).
Die Häkelarbeit beenden und ein langes Fadenende zum Annähen übrig lassen. Für später zur Seite legen.

Der rechte Flügel

In Reihen arbeiten.
Mit Garn B und der 4,5 mm Häkelnadel 40 Lm anschlagen.
Reihe 1 (reS): fM in zweite Lm von der Nadel aus, fM abn, fM in die nächsten 7 Lm, 3 fM in die nächste Lm, fM in die nächsten 7 Lm, 3 fM zus, fM in die nächsten 7 Lm, 3 fM in die nächste Lm, fM in die nächsten 7 Lm, fM abn, fM in die letzte Lm (39 M).
Reihe 2: 1 Lm und wenden. fM in erste M, fM abn, fM in die nächsten 7 M, 3 fM in die nächste M, fM in die nächsten 7 M, 3 fM zus, fM in die nächsten 7 M, 3 fM in die nächste M, fM in die nächsten 7 M, fM abn, fM in die letzte M (39 M).
Reihe 3: 1 Lm und wenden. fM in erste M, fM abn, fM in die nächsten 15 M, 3 fM zus, fM in die nächsten 7 M, 3 fM in die nächste M, fM in die nächsten 7 M, fM abn, fM in die letzte M (37 M).
Reihe 4: 1 Lm und wenden. fM in erste M, fM abn, fM in die nächsten 7 M, 3 fM in die nächste M, fM in die nächsten 7 M, 3 fM zus, fM in die nächsten 13 M, fM abn, fM in die letzte M (35 M).
Reihe 5: 1 Lm und wenden. fM in erste M, fM abn, fM in die nächsten 11 M, 3 fM zus, fM in die nächsten 15 M, fM abn, fM in die letzte M (31 M).

Reihe 6: 1 Lm und wenden. fM in erste M, fM abn, fM in die nächsten 6 M, 3 fM in die nächste M, fM in die nächsten 6 M, 3 fM zus, fM in die nächsten 9 M, fM abn, fM in die letzte M (29 M).
Reihe 7: 1 Lm und wenden. fM in erste M, fM abn, fM in die nächsten 16 M, 3 fM in die nächste M, fM in die nächsten 6 M, fM abn, fM in die letzte M (29 M).
Reihe 8: 1 Lm und wenden. fM in erste M, fM abn, fM in die nächsten 6 M, 3 fM in die nächste M, fM in die nächsten 16 M, fM abn, fM in die letzte M (29 M).
Reihe 9: 1 Lm und wenden. fM in erste M, fM abn, fM in die nächsten 23 M, fM abn, fM in die letzte M (27 M).
Reihe 10: 1 Lm und wenden. fM in erste M, fM abn, fM in die verbleibenden 24 M (26 M).
Reihe 11: 1 Lm und wenden. fM in erste M, fM abn, fM in die nächsten 14 M, fM zun in den nächsten 3 M, fM in die nächsten 3 M, fM abn, fM in die letzte M (27 M).
Reihe 12: 1 Lm und wenden. fM in erste M, fM abn, fM in die nächsten 21 M, fM abn, fM in die letzte M (25 M).
Mit dem letzten Umschlag der letzten Masche von Reihe 12 zu Garn A wechseln (siehe „Mit dem letzten Umschlag einer Masche zu einer anderen Garnfarbe / einem neuen Garn wechseln" auf Seite 22).
Reihe 13: 1 Lm und wenden. fM in erste M, fM abn, fM in die verbleibenden 22 M (24 M).
Die Häkelarbeit beenden und ein langes Fadenende zum Annähen übrig lassen. Für später zur Seite legen.

Der linke Flügel

In Reihen arbeiten.
Mit Garn B und der 4,5 mm Häkelnadel 40 Lm anschlagen.
Reihe 1 (reS): fM in zweite Lm von der Nadel aus, fM abn, fM in die nächsten 7 Lm, 3 fM in die nächste Lm, fM in die nächsten 7 Lm, 3 fM zus, fM in die nächsten 7 Lm, 3 fM in die nächste Lm, fM in die nächsten 7 Lm, fM abn, fM in die letzte Lm (39 M).
Reihe 2: 1 Lm und wenden. fM in erste M, fM abn, fM in die nächsten 7 M, 3 fM in die nächste M, fM in die nächsten 7 M, 3 fM zus, fM in die nächsten 7 M, 3 fM in die nächste M, fM in die nächsten 7 M, fM abn, fM in die letzte M (39 M).
Reihe 3: 1 Lm und wenden. fM in erste M, fM abn, fM in die nächsten 7 M, 3 fM in die nächste M, fM in die nächsten 7 M, 3 fM zus, fM in die nächsten 15 M, fM abn, fM in die letzte M (37 M).

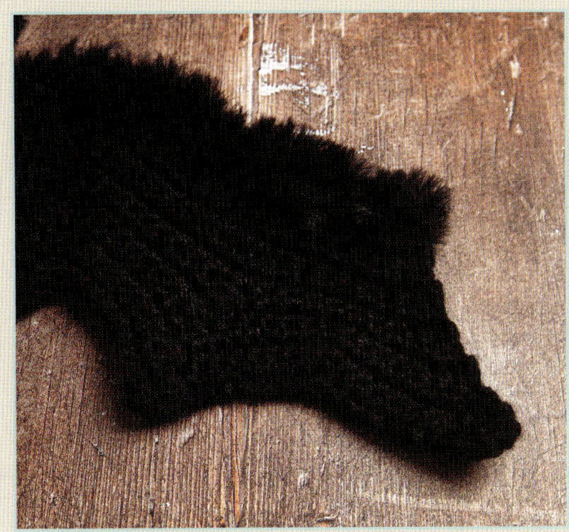

Reihe 4: fM in erste M, fM abn, 13 fM, 3 fM zus, fM in die nächsten 7 M, fM abn, fM (35 M).
Reihe 5: 1 Lm und wenden. fM in erste M, fM abn, fM in die nächsten 15 M, 3 fM zus, fM in die nächsten 11 M, fM abn, fM in die letzte M (31 M).
Reihe 6: 1 Lm und wenden. fM in erste M, fM abn, fM in die nächsten 9 M, 3 fM zus, fM in die nächsten 6 M, 3 fM in die nächste M, fM in die nächsten 6 M, fM abn, fM in die letzte M (29 M).
Reihe 7: 1 Lm und wenden. fM in erste M, fM abn, fM in die nächsten 6 M, 3 fM in die nächste M, fM in die nächsten 16 M, fM abn, fM in die letzte M (29 M).
Reihe 8: 1 Lm und wenden. fM in erste M, fM abn, fM in die nächsten 16 M, 3 fM in die nächste M, fM in die nächsten 6 M, fM abn, fM in die letzte M (29 M).
Reihe 9: 1 Lm und wenden. fM in erste M, fM abn, fM in die nächsten 23 M, fM abn, fM in die letzte M (27 M).
Reihe 10: 1 Lm und wenden. fM in die ersten 24 M, fM abn, fM in die letzte M (26 M).
Reihe 11: 1 Lm und wenden. fM in erste M, fM abn, fM in die nächsten 3 M, fM zun in den nächsten 3 M, fM in die nächsten 14 M, fM abn, fM in die letzte M (27 M).

Reihe 12: 1 Lm und wenden. fM in erste M, fM abn, fM in die nächsten 21 M, fM abn, fM in die letzte M (25 M). Ein langes Fadenende von Garn B übrig lassen und mit dem letzten Umschlag der letzten Masche von Reihe 12 zu Garn A wechseln.
Reihe 13: 1 Lm und wenden. fM in die ersten 22 M, fM abn, fM in die letzte M (24 M).
Die Häkelarbeit beenden und ein langes Fadenende zum Annähen übrig lassen. Für später zur Seite legen.

Die Schnauze

Runde 1: mit Garn A und einer 5,5 mm Häkelnadel einen Fr machen und 6 fM in den Fr häkeln (6 M).
Runden 2 und 3: fM in jede M der Vorrunde (6 M).
Die letzte M mithilfe einer Km mit der ersten M verbinden. Die Häkelarbeit beenden und ein langes Fadenende zum Annähen übrig lassen. Die Sicherheitsnase in der Mitte des Fr der Schnauze befestigen. Für später zur Seite legen.

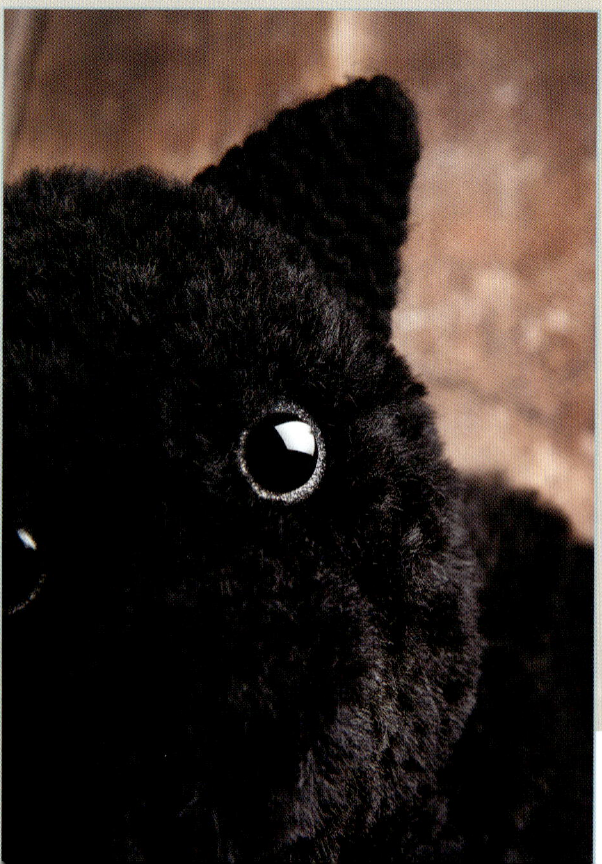

Die Ohren (zweimal häkeln)

Runde 1: mit Garn B und der 3,5 mm Häkelnadel einen Fr machen und 6 fM in den Fr häkeln (6 M).
Runde 2: fM in jede M der Vorrunde (6 M).
Runde 3: (fM, fM zun) dreimal (9 M).
Runde 4: fM, fM zun, (2 fM, fM zun) zweimal, fM (12 M).
Runde 5: fM in jede M der Vorrunde (12 M).
Runde 6: (3 fM, fM zun) dreimal (15 M).
Runde 7: fM in jede M der Vorrunde (15 M).
Runde 8: 2 fM, fM zun, (4 fM, fM zun) zweimal, 2 fM (18 M).
Runde 9: fM in jede M der Vorrunde (18 M).
Die Häkelarbeit beenden und ein langes Fadenende zum Annähen übrig lassen. Das Ohr glatt streichen. Nicht ausstopfen! Für später zur Seite legen.

Zusammennähen

1. Den Kopf mit dem Fadenende an den Körper nähen, dabei noch zusätzliche Füllwatte hinzufügen, um den Kopf zu stabilisieren. Fest ausstopfen.
2. Mit den Fadenenden die Ohren rechts und links auf dem Kopf annähen.
3. Den rechten Flügel mit dem Fadenende entlang der kurzen, geraden Kante an die rechte Seite des Körpers nähen, die reS des Flügels zeigt dabei nach oben.
4. Den linken Flügel mit dem Fadenende entlang der kurzen, geraden Kante an die linke Seite des Körpers nähen, die reS des Flügels zeigt dabei nach oben.
5. Die Schnauze ausstopfen und mit dem Fadenende an den Kopf nähen, dabei noch weitere Füllwatte hinzufügen.
6. Die Fadenenden vernähen.

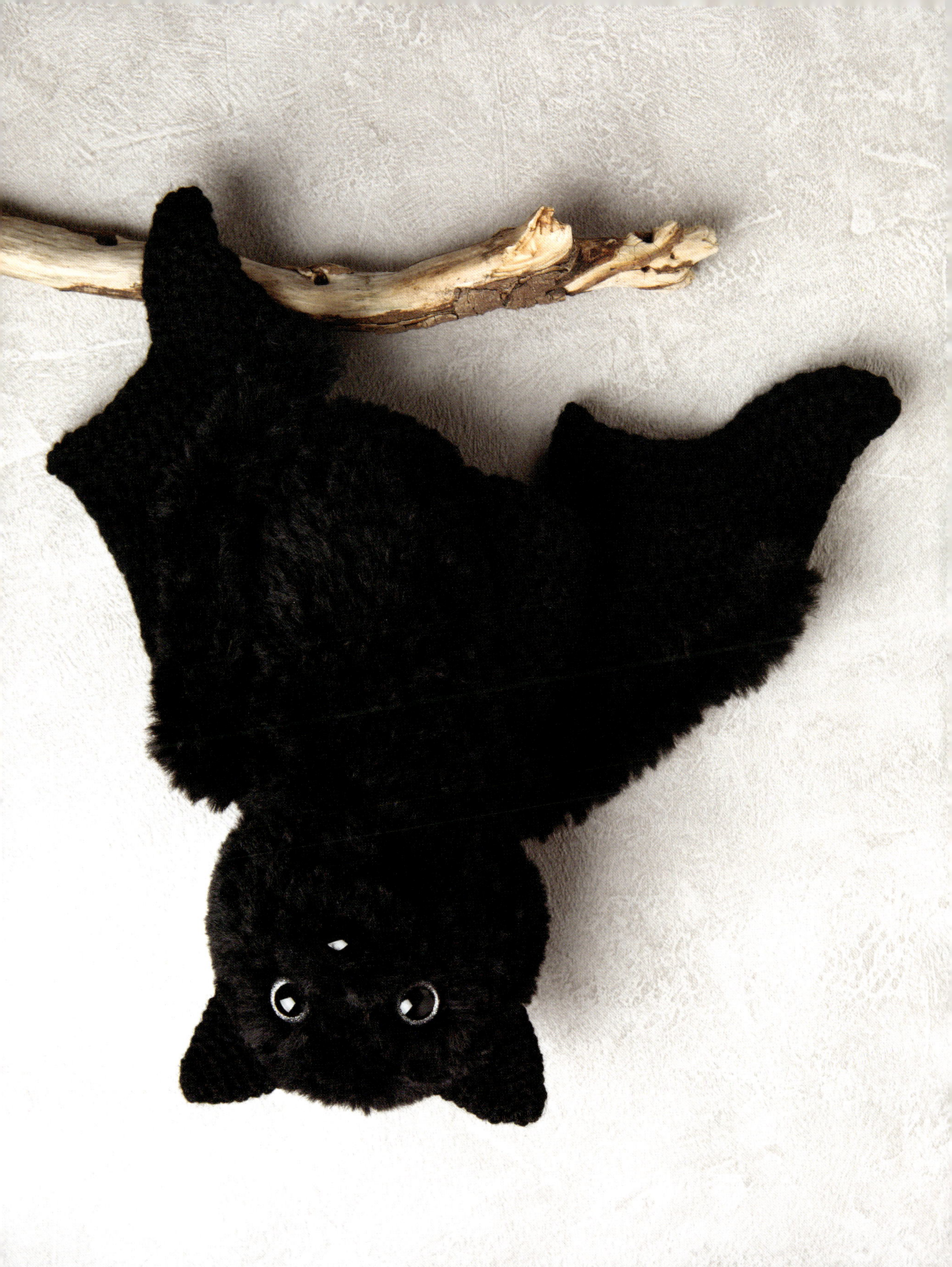

Siggi Stinktier

Dieser kleine Stinker hat eine Menge Temperament! Siggi ist ein mittelgroßes Plüschtier und beim Häkeln ist es nicht notwendig, sich an die Maße der Maschenprobe zu halten. Alle Teile dieses Projekts werden als separate Einzelteile gehäkelt und anschließend zusammengenäht. Ich empfehle dringend, beim Zusammennähen Stecknadeln zur Hilfe zu nehmen, insbesondere um den Bauchaufnäher und den Streifen während des Annähens an der richtigen Stelle zu fixieren.

Schwierigkeit:

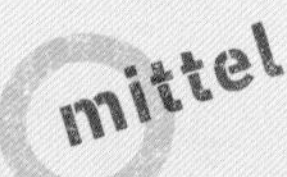

Größe

Von Kopf bis Fuß etwa 30,5 cm lang

Maschenprobe

Runden 1–3 des Kopfes = 5 cm Durchmesser

Material

- 5,5 mm Häkelnadel
- Lion Brand Go For Faux (100 % Polyester, Stärke „Super Chunky“, 100 g, 59 m):
  - 2 Knäuel (etwa 100 m), Black Panther (Farbe A)
  - 1 Knäuel (etwa 33 m), Baked Alaska (Farbe B)
- zwei silberne Sicherheitsaugen mit 20 mm Durchmesser
- schwarze Sicherheitsnase in Dreiecksform mit 25 mm Durchmesser
- Füllwatte
- Wollnadel
- Schere
- Maschenmarkierer
- Stecknadeln

(Zu den Garnen siehe Hinweis auf S. 12.)

Anmerkungen

- Sie können dieses Plüschtier häkeln, ohne die Maße der Maschenprobe einzuhalten. Allerdings kann die Abweichung Auswirkungen auf die benötigte Garnmenge und die Größe des fertigen Plüschtiers haben.
- Kopf, Körper, Arme, Beine und Schwanz werden in Spiralrunden gearbeitet. Die Enden der Runden nicht zusätzlich mithilfe einer Kettmasche verbinden – es sei denn, es ist ausdrücklich angegeben. Die erste Masche der Runde wird mit einem Maschenmarkierer markiert, der zu Beginn jeder neuen Runde versetzt wird.
- Die Streifen und der Aufnäher für den Bauch werden in Reihen gearbeitet. Beim Häkeln des Aufnähers für die Streifen beginnen Sie an dem Ende, das nachher auf der Stirn fixiert wird, dann teilt sich die Häkelarbeit und wird in zwei einzelnen Streifen gearbeitet. Die zwei Streifen werden anschließend wieder zusammengeführt und bilden das Ende des Schwanzes.

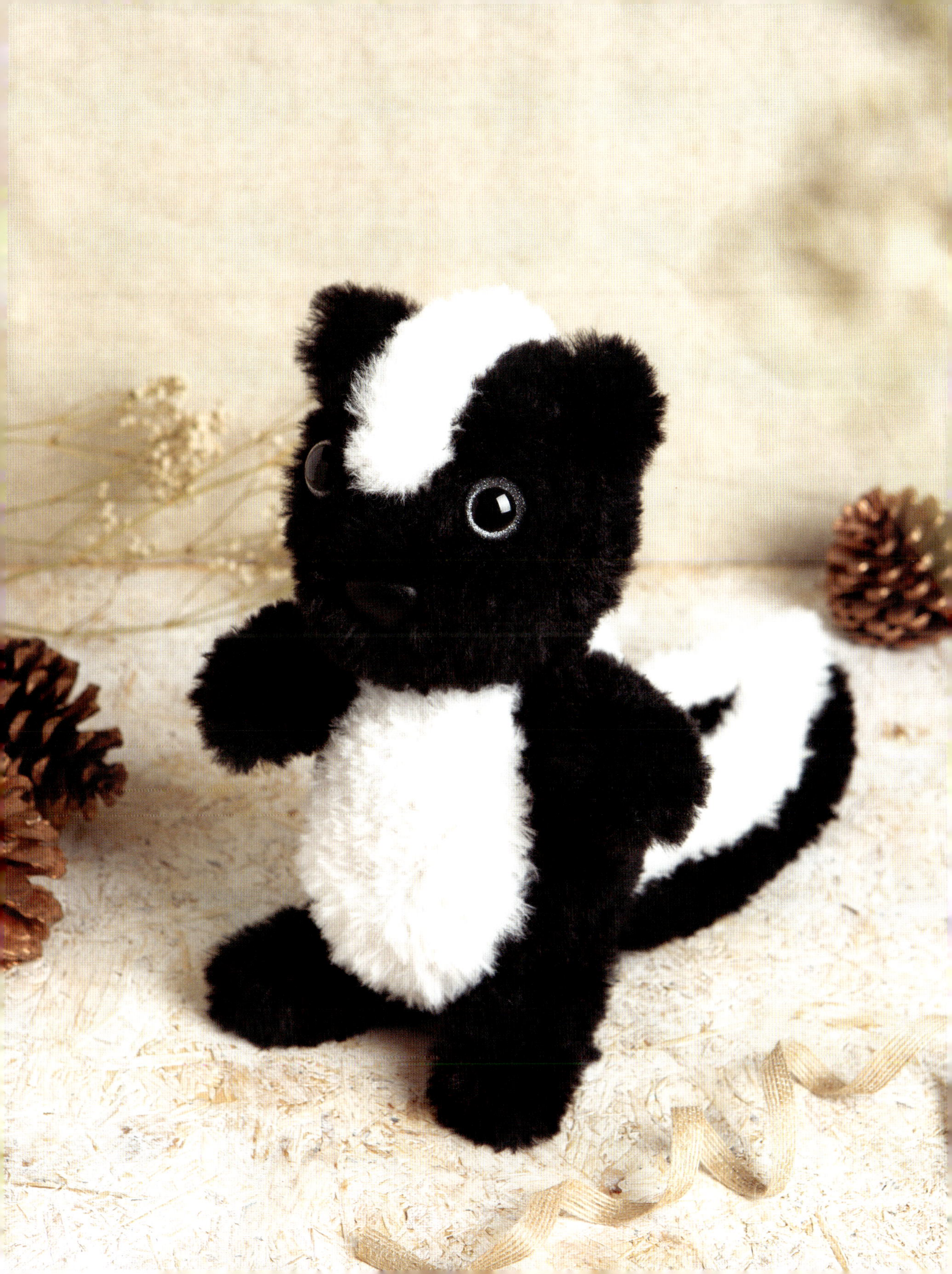

Anleitung

Der Kopf

Runde 1: mit Garn A einen Fr machen und 6 fM in den Fr häkeln (6 M). Die vierte M in Runde 1 mit einem Maschenmarkierer kennzeichnen.
Runde 2: (fM zun) sechsmal (12 M).
Runde 3: fM in jede M der Vorrunde (12 M).
Maschenprobe: Die Arbeit sollte jetzt einen Durchmesser von 5 cm haben.
Runde 4: 2 fM, fM zun, fM, (fM zun) viermal, fM, fM zun, 2 fM (18 M).
Runde 5: fM, fM zun, 5 fM, (fM zun) viermal, 5 fM, fM zun, fM (24 M). Sicherheitsaugen in Masche 9 und 17 von Runde 5 anbringen. Sicherheitsnase in der markierten Masche in Runde 1 anbringen (siehe „Garnreste als Platzhalter für Sicherheitsaugen einsetzen" auf Seite 31).
Runden 6–8: fM in jede M der Vorrunde (24 M).
Runde 9: fM, fM abn, (2 fM, fM abn) fünfmal, fM (18 M). Mit dem Ausstopfen beginnen. Während des Häkelns nach und nach mehr Füllwatte hinzufügen. Fest ausstopfen.
Runde 10: (fM, fM abn) sechsmal (12 M).
Runde 11: fM in jede M der Vorrunde (12 M).
Runde 12: (fM abn) sechsmal (6 M).
Die Häkelarbeit beenden und ein 15–20 cm langes Fadenende übrig lassen. Mit dem Fadenende das Loch zunähen. Die Fadenenden vernähen. Für später zur Seite legen.

Der Körper

Runde 1: mit Garn A einen Fr machen und 6 fM in den Fr häkeln (6 M).
Runde 2: (fM zun) sechsmal (12 M).
Runde 3: (fM, fM zun) sechsmal (18 M).
Runde 4: fM, fM zun, (2 fM, fM zun) fünfmal, fM (24 M).
Runden 5–8: fM in jede M der Vorrunde (24 M).
Runde 9: (6 fM, fM abn) dreimal (21 M).
Runde 10: fM in jede M der Vorrunde (21 M).
Mit dem Ausstopfen beginnen, während des Häkelns nach und nach mehr Füllwatte hinzufügen. Fest ausstopfen.
Runde 11: (5 fM, fM abn) dreimal (18 M).
Runde 12: fM in jede M (18 M).
Runde 13: (4 fM, fM abn) dreimal (15 M).
Runde 14: fM in jede M (15 M).
Runde 15: (3 fM, fM abn) dreimal (12 M).
Runden 16 und 17: fM in jede M der Vorrunde (12 M).
Die Häkelarbeit beenden und ein Fadenende übrig lassen, das lang genug ist, um den Körper an den Kopf zu nähen. Für später zur Seite legen.

Die Ohren (zweimal häkeln)

Reihe 1: mit Garn A einen Fr machen und 6 fM in den Fr häkeln. Die letzte M mithilfe einer Km mit der ersten M verbinden (6 M).
Die Häkelarbeit beenden und ein langes Fadenende zum Annähen übrig lassen. Für später zur Seite legen.

Die Arme (zweimal häkeln)

Runde 1: mit Garn A einen Fr machen und 6 fM in den Fr häkeln (6 M).
Runden 2–7: fM in jede M der Vorrunde (6 M). Mit dem Ausstopfen beginnen. Während des Häkelns nach und nach mehr Füllwatte hinzufügen. Fest ausstopfen.
Die Häkelarbeit beenden und ein Fadenende übrig lassen, das lang genug ist, um den Arm an den Körper zu nähen. Für später zur Seite legen.

Der Bauch

In Reihen arbeiten.
Mit Garn B und der 5,5 mm Häkelnadel 4 Lm anschlagen.
Reihe 1: fM in zweite Lm von der Nadel aus und in alle folgenden Lm (3 M).
Reihe 2: 1 Lm und wenden. fM zun, fM, fM zun (5 M).
Reihe 3: 1 Lm und wenden. fM zun, 3 fM, fM zun (7 M).
Reihen 4–8: 1 Lm und wenden. fM in jede M der Reihe (7 M).
Reihe 9: 1 Lm und wenden. fM abn, 3 fM, fM abn (5 M).
Reihe 10: 1 Lm und wenden. fM abn, fM, fM abn (3 M).
Die Häkelarbeit beenden und ein Fadenende übrig lassen, das lang genug ist, um den Aufnäher an den Körper zu nähen. Für später zur Seite legen.

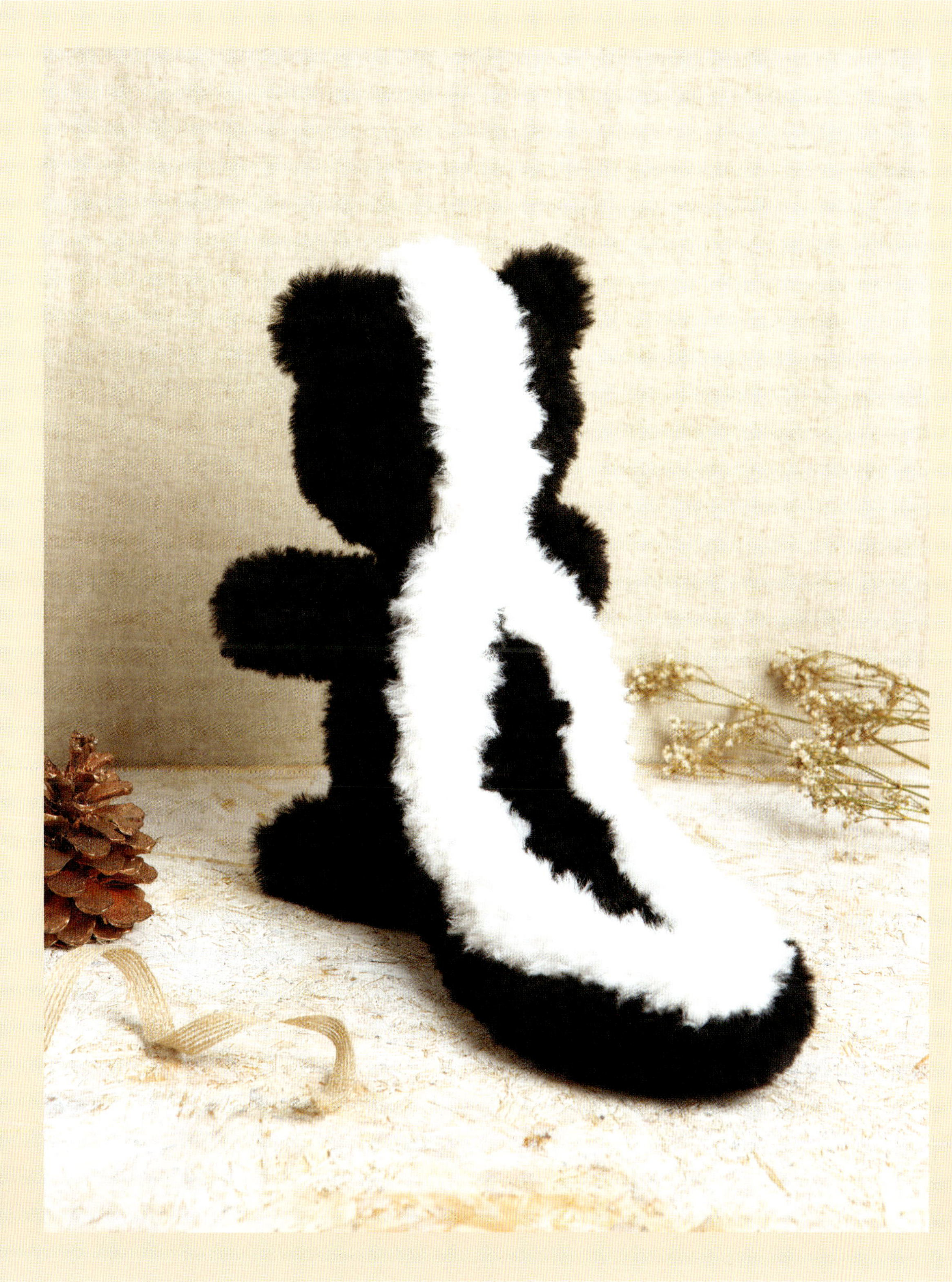

Die Beine (zweimal häkeln)

Runde 1: mit Garn A einen Fr machen und 6 fM in den Fr häkeln (6 M).
Runden 2–9: fM in jede M der Vorrunde (6 M). Mit dem Ausstopfen beginnen. Während des Häkelns nach und nach mehr Füllwatte hinzufügen. Fest ausstopfen. Die Häkelarbeit beenden und ein Fadenende übrig lassen, das lang genug ist, um das Bein an den Körper zu nähen. Das Bein mit überwendlichen Stichen verschließen und für später zur Seite legen, das restliche Fadenende zum Annähen überstehen lassen.

Der Schwanz

Runde 1: mit Garn A einen Fr machen und 6 fM in den Fr häkeln (6 M).
Runde 2: fM in jede M der Vorrunde (6 M).
Runde 3: (fM zun) sechsmal (12 M).
Runde 4: fM in jede M der Vorrunde (12 M).
Runde 5: (fM, fM zun) sechsmal (18 M).
Runde 6: fM in jede M der Vorrunde (18 M).
Runden 7–21: fM in jede M der Vorrunde (18 M).
Runde 22: (fM, fM abn) sechsmal (12 M).
Runde 23: fM in jede M der Vorrunde (12 M).
Runde 24: (fM abn) sechsmal (6 M).
Die Häkelarbeit beenden und ein langes Fadenende zum Annähen übrig lassen. Nicht ausstopfen! Die Arbeit glatt streichen und die Öffnung mit den Fadenende und überwendlichen Stichen verschließen. Für später zur Seite legen.

Die Streifen

In Reihen arbeiten.

Kopfstreifen

Reihe 1 (reS): mit Garn B, einen Fr machen und 1 fM in den Fr häkeln (1 M).
Reihe 2 (liS): 1 Lm und wenden. fM zun (2 M).
Reihen 3–21: 1 Lm und wenden. 2 fM (2 M).
Reihe 22: 1 Lm und wenden. (fM zun) zweimal (4 M).
Einen Maschenmarkierer in der zweiten M von Reihe 22 platzieren.

Der erste Streifen

Reihe 23: 1 Lm und wenden. 2 fM. Keine weiteren M in die restlichen M der Reihe arbeiten (2 M)
Reihen 24–46: 1 Lm und wenden. 2 fM (2 M).
Häkelarbeit beenden.

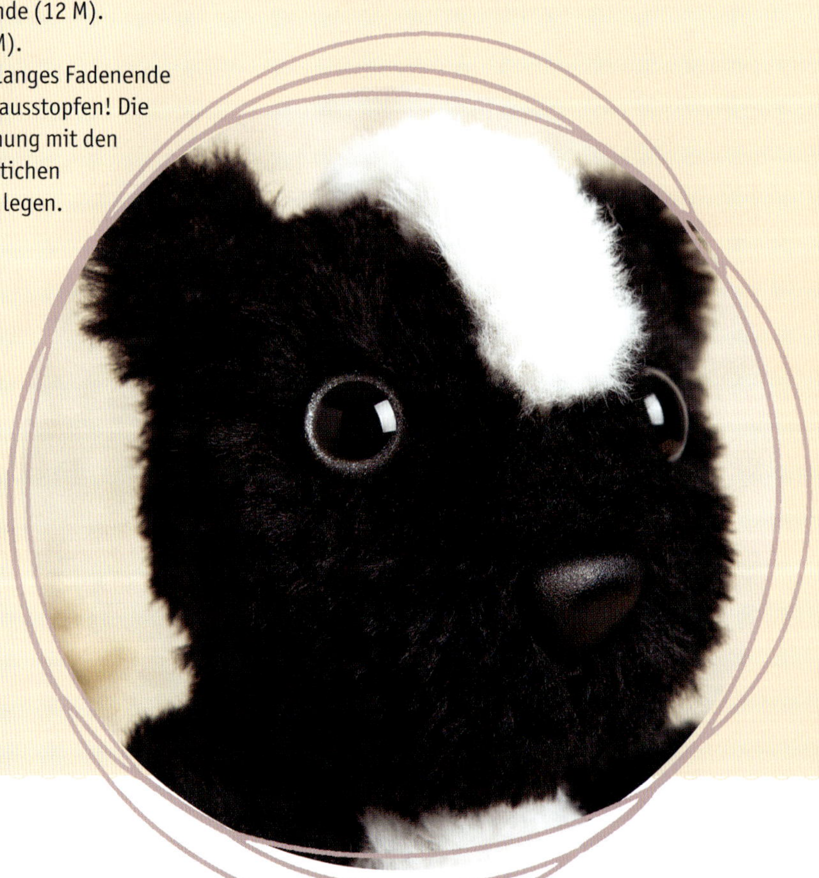

Der zweite Streifen

Garn B mit einer Km in der markierten M in Reihe 22 befestigen, die liS der Arbeit zeigt dabei zum Körper. fM in die gleiche M zum Verbinden und in die nächste M (2 M).

Reihen 2–24: 1 Lm und wenden. 2 fM (2 M).

Reihe 25: 1 Lm und wenden. 2 fM, den ersten Streifen neben den zweiten Streifen legen und 2 fM in die Oberkante des ersten Streifens arbeiten (4 M).

Reihe 26: 1 Lm und wenden. 4 fM (4 M).

Reihe 27: 1 Lm und wenden. (fM abn) zweimal (2 M).

Reihe 28: 1 Lm und wenden. fM abn (1 M).

Reihe 29: 1 Lm und wenden. fM (1 M).

Die Häkelarbeit beenden und ein sehr langes Fadenende zum Annähen übrig lassen. Die anderen Fadenenden vernähen. Für später zur Seite legen.

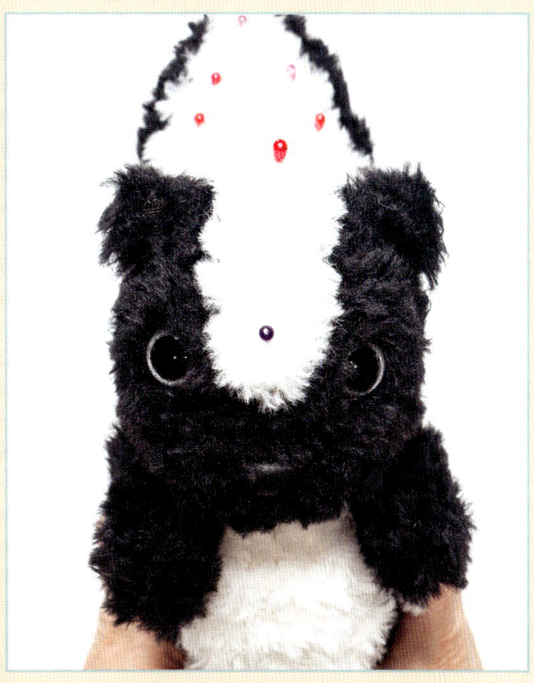

Zusammennähen

1. Den Kopf mit dem Fadenende an den Körper nähen, dabei noch zusätzliche Füllwatte hinzufügen.
2. Die Ohren mit den Fadenenden an den Kopf des Stinktiers nähen.
3. Mit den Fadenenden die Arme an beiden Seiten des Körpers so annähen, dass sie nach vorne zeigen.
4. Die Beine mit dem Fadenende unten am Körper annähen.
5. Den Aufnäher für den Bauch mit dem Fadenende auf den Körper des Stinktiers nähen.
6. Den Schwanz mit dem Fadenende unten an der Rückseite des Körpers annähen.
7. Reihe 1 des Streifens mittig auf der Stirn platzieren und den Streifen entlang des Hinterkopfs und des Rückens bis zur Spitze des Schwanzes mit Nadeln feststecken. Den Streifen mit dem Fadenende an den Körper nähen.
8. Die Fadenenden vernähen.

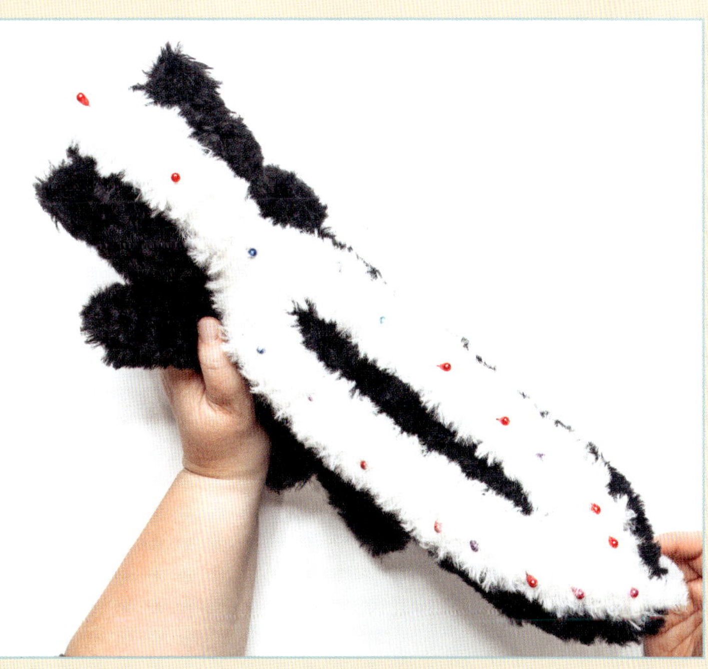

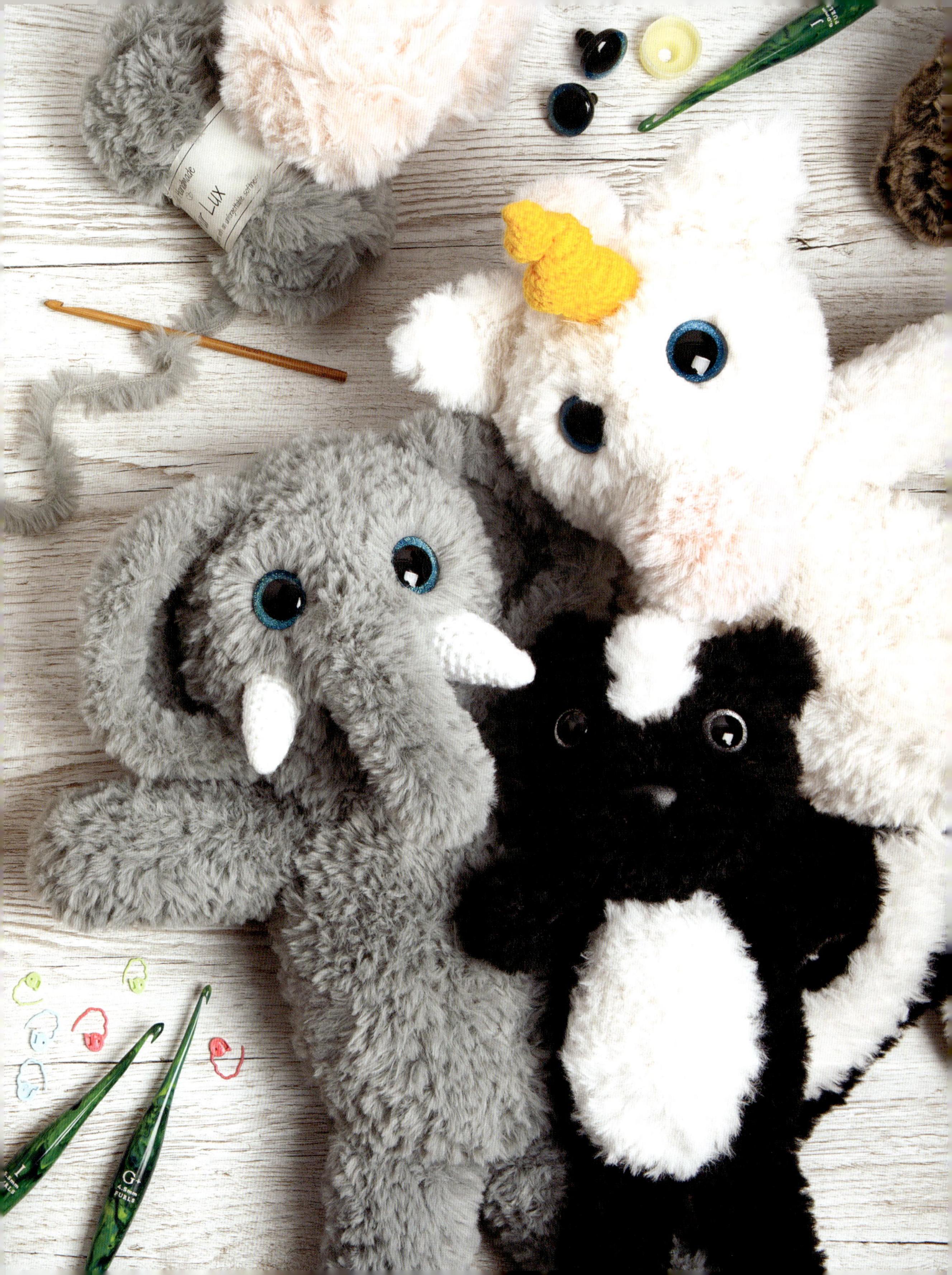
Lux
J
I
G+
4.5mm
FURLS